Deutschland
im Luftkrieg

Zeitgeschichte im Gespräch
Band 1

Herausgegeben vom
Institut für Zeitgeschichte

Redaktion:
Thomas Schlemmer und Hans Woller

Deutschland im Luftkrieg

Geschichte und Erinnerung

Herausgegeben von
Dietmar Süß

R. Oldenbourg Verlag München 2007

Bibliografische Information Der Deutschen Nationalbibliothek

Die Deutsche Nationalbibliothek verzeichnet diese Publikation in der Deutschen Nationalbibliografie; detaillierte bibliografische Daten sind im Internet über <http://dnb.d-nb.de> abrufbar.

© 2007 Oldenbourg Wissenschaftsverlag GmbH, München
Rosenheimer Straße 145, D-81671 München
Internet: oldenbourg.de

3. Nachdruck 2013

Das Werk einschließlich aller Abbildungen ist urheberrechtlich geschützt. Jede Verwertung außerhalb der Grenzen des Urheberrechtsgesetzes ist ohne Zustimmung des Verlages unzulässig und strafbar. Dies gilt insbesondere für Vervielfältigungen, Übersetzungen, Mikroverfilmungen und die Einspeicherung und Bearbeitung in elektronischen Systemen.

Gedruckt auf säurefreiem, alterungsbeständigem Papier (chlorfrei gebleicht).

Umschlaggestaltung und Layoutkonzept:
Thomas Rein, München, und Daniel von Johnson, Hamburg
Satz:
Gerbert-Satz, 85630 Grasbrunn b. München
Druck und Bindung:
Books on Demand GmbH, Norderstedt

ISBN-13 978-3-486-58084-6
ISBN-10   3-486-58084-1
eISBN   978-3-486-70830-1

Inhalt

Horst Möller
Vorwort **7**
Dietmar Süß
Einleitung **9**

I. Einführung
Jörg Echternkamp
Von der Gewalterfahrung zur Kriegserinnerung –
über den Bombenkrieg als Thema einer Geschichte
der deutschen Kriegsgesellschaft **13**

II. Herrschaft und Verwaltung im Luftkrieg
Jörn Brinkhus
Ziviler Luftschutz im „Dritten Reich" – Wandel seiner
Spitzenorganisation. **27**
Bernhard Gotto
Kommunale Krisenbewältigung **41**
Armin Nolzen
„Sozialismus der Tat?" Die Nationalsozialistische
Volkswohlfahrt (NSV) und der alliierte Luftkrieg
gegen das Deutsche Reich **57**

III. Krieg, Gewalt und das Ende der „Volksgemeinschaft"
Barbara Grimm
Lynchmorde an alliierten Fliegern im
Zweiten Weltkrieg. **71**
Nicole Kramer
„Kämpfende Mütter" und „gefallene Heldinnen" –
Frauen im Luftschutz **85**
Dietmar Süß
Nationalsozialistische Deutungen des Luftkrieges **99**

IV. Deutungen und Erinnerungen des Luftkrieges
Stefan Goebel
Coventry und Dresden: Transnationale Netzwerke
der Erinnerung in den 1950er und 1960er Jahren. **111**

Malte Thießen
Gedenken an die „Operation Gomorrha". Hamburgs
Erinnerungskultur und städtische Identität **121**

Jörg Arnold
„Krieg kann nur der Wahnsinn der Menschheit sein!"
Zur Deutungsgeschichte des Luftangriffs vom
22. Oktober 1943 in Kassel **135**

Autoren. **151**

Vorwort

Im November 2005 veranstaltete das Institut für Zeitgeschichte in der Abteilung Berlin ein Forschungskolloquium junger Historiker, das dem Thema „Deutschland im Luftkrieg" gewidmet war. Dieses Arbeitsgespräch ging aus einem weiter gespannten komparativen Forschungsprojekt hervor, das Dietmar Süß am Institut für Zeitgeschichte betreibt und die Sozial- und Kulturgeschichte des Luftkrieges in Deutschland und England zum Gegenstand hat. In diesem Arbeitsvorhaben sind außerdem Barbara Grimm und Nicole Kramer mit Projekten zu den Morden an alliierten Piloten und zur Geschlechtergeschichte der „Heimatfront" beteiligt. Der vorliegende Band, der aus dem von der Arbeitsgruppe vorbereiteten Kolloquium entstanden ist, enthält die für den Druck überarbeiteten Beiträge, die sich auf Aspekte der Gewalterfahrung der deutschen Bevölkerung im Zweiten Weltkrieg und auf die Erinnerungskultur der Nachkriegszeit am Beispiel ausgewählter Städte beziehen, die Opfer von Luftangriffen geworden sind: Coventry, Dresden, Hamburg und Kassel. Die Texte sind vor allem Themen gewidmet, die bisher in der Forschung gar keine oder nur eine marginale Rolle gespielt haben. Insofern dokumentiert der Band nicht nur Zugänge einer neuen Forschergeneration, sondern auch Desiderate der bisherigen Forschung. Der Generationswandel in der Wissenschaft, zu dem die Erschließung neuer Fragestellungen gehört, besagt indes nicht, dass die klassischen geschichtswissenschaftlichen Themen damit überholt seien. Gemäß dem Diktum Goethes: „Jede Generation schreibt ihre Geschichte neu", werden aber aus einer unendlichen Komplexität historischer Vorgänge weitere Facetten sichtbar gemacht. Insofern fordert jeder neue Zugang auch die Gewichtung gegenüber der bisherigen Forschung und die Öffnung zu künftigen Perspektiven. „Zeitgeschichte im Gespräch" besagt folglich, dass es sich hier um Forschungen und Diskussionen handelt, die Öffentlichkeit und Wissenschaft gleichermaßen bewegen, aber noch längst nicht abgeschlossen sind. Bei der mit diesem Band eröffneten Reihe „Zeitgeschichte im Gespräch" handelt es sich um eine – in Form und Inhalt veränderte – Fortsetzung der früheren „Kolloquien des Instituts für Zeitgeschichte", die ebenfalls in zwangloser Folge publiziert worden sind: Auch deren Aufgabe war nicht der Abschluss, sondern die Anregung neuer Debatten.

München, im Juli 2006 Horst Möller

Dietmar Süß
Einleitung

Es ist noch nicht lange her, da hatte der Luftkrieg im Fernsehen sein Spielfilmdebüt. Zur besten Sendezeit zeigte das ZDF das Drama „Dresden" – die Geschichte einer deutschen Krankenschwester und eines britischen Piloten, die sich in der Feuersbrunst der brennenden Stadt ewige Liebe schworen. Der Bombenkrieg als Seifenoper im Rosamunde Pilcher-Format, mit deutsch-britischem Happy End und inszeniert als politisch korrekter Versöhnungsakt über den Dächern der Stadt: Man hätte sich vor ein paar Jahren, schon bei der Debatte über das Buch von Jörg Friedrich „Der Brand. Deutschland im Bombenkrieg", kaum vorstellen können, welche Auswüchse die erinnerungskulturellen Konjunkturen des Luftkrieges erreichen können. Der Luftkrieg – das kann man ohne Umschweife sagen – ist „in", ein Thema, das die Spannungslinien von Kriegserfahrung und Kriegserinnerung demonstriert und deutlich macht, wie stark die Deutung des Krieges die politische Kultur des geteilten und nun wiedervereinigten Deutschlands geprägt hat.

Dabei soll man sich nicht täuschen lassen: Vielfach war es nicht erst die öffentliche Debatte, die den Impuls für neuere Forschungen zur Geschichte des Luftkrieges gab. Gerade jüngere Wissenschaftler arbeiten schon seit geraumer Zeit und ohne aufgeregte Emphase an zentralen Fragen der nationalsozialistischen Kriegsgesellschaft und ihrer Nachgeschichte. Im Mittelpunkt stehen dabei die Destruktions- und Kohäsionskräfte der „Volksgemeinschaft" im Krieg, die Erfahrung der Bombardierung ebenso wie die rassistischen Verteilungskämpfe um Ressourcen, mithin also die Frage nach dem Verhältnis von Stabilität, Integration und Vernichtungspotential des nationalsozialistischen Kriegsstaates. Außerdem haben die Wirkungskraft nationalsozialistischer Narrative über die Zäsur von 1945 hinaus und die erinnerungskulturellen Transformationen des Luftkrieges verstärkt Aufmerksamkeit gefunden.

An diese Debatte knüpfte im Herbst 2005 ein Workshop des Instituts für Zeitgeschichte an, an dem sich derzeit eine Forschergruppe mit dem deutsch-britischen Vergleich, der Geschlechtergeschichte des Luftkrieges und der Ermordung alliierter Piloten beschäftigt. Zu ihr gehören neben Dietmar Süß Barbara Grimm,

Nicole Kramer und Hans Woller, die ganz erheblich bei der Konzeption der Tagung und der Redaktion dieses Bandes mitgeholfen haben. Der Workshop bot die Möglichkeit, laufende oder gerade abgeschlossene Qualifizierungsarbeiten vorzustellen, die auf einer Vielzahl erstmals ausgewerteter Quellen basieren. Die Vortragsform wurde für die Veröffentlichung weitgehend beibehalten, damit der fragende und thesenartige Charakter nicht verloren geht. Die Themenauswahl zielte nicht auf Vollständigkeit. Im Zentrum stand die Konzentration auf drei Komplexe, die wichtige Elemente für eine Geschichte der Gewalt im 20. Jahrhundert liefern: Der erste, der sich mit „Herrschaft und Verwaltung im Luftkrieg" beschäftigt und den Blick auf zentrale Felder von Politik, Partei und kommunaler Krisenbewältigung lenkt; der zweite über „Krieg, Gewalt und das Ende der Volksgemeinschaft", der nach den unterschiedlichen Dimensionen nationalsozialistischer Inklusions- und Exklusionspolitik fragt; und schließlich der dritte, der die erinnerungskulturellen Konjunkturen des Luftkrieges verfolgt und dabei auch einen ersten deutsch-britischen Vergleich versucht. „Klassische" Themen der Geschichte des Luftkrieges, Fragen nach strategischen oder rüstungswirtschaftlichen Entscheidungen, nach operativen Planungen wurden dagegen bewusst ausgeklammert. Der Grund dafür ist sicher nicht fehlendes Interesse, sondern der hier bereits weit fortgeschrittene Forschungsstand, der vor allem mit den Namen Horst Boog und Olaf Groehler verbunden ist; denn während man über die völkerrechtlichen Voraussetzungen und die militärstrategischen Überlegungen inzwischen gut unterrichtet ist, sind die Versuche, den Luftkrieg auf systematische Weise in die Geschichte des „Totalen Krieges" zu integrieren, insgesamt sehr dünn gesät. Das gilt in noch stärkerem Maße für die Erfahrungs- und Erinnerungsgeschichte des Luftkrieges, über die es zwar viele Meinungen und persönliche Erlebnisberichte, kaum jedoch methodisch anspruchsvolle, breit recherchierte Untersuchungen gibt. Der Band verbindet also auf exemplarische Weise die vielfach künstlich getrennte Kriegserfahrungs- und Kriegserinnerungsgeschichte und soll helfen, aus deutscher Perspektive Bausteine für eine noch zu schreibende vergleichend angelegte globale Geschichte des Luftkrieges zu liefern. Denn die Brennschärfe der Analyse erhöht sich entscheidend, sobald unterschiedliche nationale Ausprägungen, Beziehungsformen und Perzeptionen im Prozess der Grenzverschiebung zwischen „Front" und „Heimat" mit einbezogen werden. Die Geschichte des Luftkrieges kann so zur Sonde des Gesellschaftsvergleichs werden, der Auskunft gibt über Stabilität und Krisenanfälligkeit politischer Systeme, über Formen von Gewalterfahrung, Ausgrenzungs- und Stressbewältigungsstrategien im „Totalen Krieg".

Jörg Echternkamp
Von der Gewalterfahrung zur Kriegserinnerung – über den Bombenkrieg als Thema einer Geschichte der deutschen Kriegsgesellschaft

Ins Schwärmen geriet der nationalsozialistische Chefideologe Alfred Rosenberg, als er sich 1930 die Folgen eines modernen Kriegs der Zukunft ausmalte: Nichts würde Volk und Krieg so eng zusammenbringen wie der Luftkrieg. Wo der Bürger den Soldaten nicht mehr für sich kämpfen und sterben lassen könnte, zwänge der Bombenkrieg das ganze Volk zum Daseinskampf. Rosenberg, der nach einem kruden historischen Rückblick das Erwachen der „Rassenseele" unter dem Hakenkreuz feiern zu können glaubte, hatte keinen Zweifel, dass künftige Kriege „stark im Zeichen der Luftflotten stehen" würden: „Ziel der Gas- und Brisanzbomben werden immer die Großstädte sein. [...] Das Schicksal zwingt uns heute wie in früheren Zeiten [d.h. vor der Zeit der Berufsheere], daß das ganze Volk teilnehmen muß am Kampf um sein Dasein. [...] [D]ie Technik [hat] das uralte organische Verhältnis zwischen Volk und Krieg wieder hergestellt."[1]
Tatsächlich führte der moderne Luftkrieg zu einer Entgrenzung des Krieges, der den zivilen Raum immer mehr beeinträchtigte. Die Bombe als totales Kriegsmittel entsprach dem totalen Kriegsdenken. Der Bombenkrieg zählte deshalb in besonderem Maße zu den einschneidenden und weitreichenden Kriegserfahrungen von Millionen Menschen – in Westeuropa, in Großbritannien, in Japan und im Deutschen Reich. Auch für die Deutschen war der Krieg – je später, desto mehr – vor allem Luftkrieg. Diese Erfahrung und die unübersehbaren materiellen wie psychischen Folgen haben in der Nachkriegszeit die individuelle und die „kollektive" Vorstellung vom Zweiten Weltkrieg maßgeblich, wenn auch auf unterschiedliche Weise geprägt – bis heute. Der Luftkrieg ist eine zentrale Schnittstelle zwischen der Kriegs- und der Nachkriegszeit. Deshalb bietet er einen geeigneten Ansatzpunkt für historische Untersuchungen, die den Krieg und seine Folgen für die Nachkriegszeit in den Blick nehmen.

---

[1] Alfred Rosenberg, Der Mythus des 20. Jahrhunderts. Eine Wertung der seelisch-geistigen Gestaltenkämpfe unserer Zeit, München 1936, S. 557.

Militärgeschichte und Luftkrieg

Was kann eine moderne historische, also empirisch fundierte und theoretisch reflektierte Darstellung des Zweiten Weltkriegs in diesem Zusammenhang leisten? Welche Rahmenbedingungen bietet die Militärgeschichte? Wo eröffnen sich Möglichkeiten einer sozial-, erfahrungs- und erinnerungsgeschichtlichen Luftkriegsforschung? Einige Antworten auf diese Fragen sollen aus unterschiedlichen Blickwinkeln in der gebotenen Kürze skizziert werden. Eine moderne Geschichte des Zweiten Weltkriegs ist ohne die neueren Entwicklungen innerhalb der Militärgeschichte nicht denkbar. Jahrzehntelang galt die wissenschaftliche Auseinandersetzung mit dem Thema Krieg als „unfein" (Manfred Messerschmidt), und die „Militär-/Kriegswissenschaft" hatte mit den Standards der Disziplin wenig gemein. Die Geschichte des Krieges blieb denen überlassen, die seine Schlachten geschlagen hatten oder die zumindest einen militärischen Hintergrund besaßen[2]. Zwar gab die Alltagsgeschichte der achtziger Jahre erste Impulse, sich auch von „ziviler" Seite mit dem Krieg vor Ort auseinander zu setzen. Doch auf breiter Front – die Metapher sei gestattet – öffnete sich die Militärwissenschaft erst in den 1990er Jahren den theoretischen Überlegungen, den methodischen Ansätzen sowie den Themen einer Militärgeschichte, die deren Vertreter als „neue Militärgeschichte" oder auch „Militärgeschichte in der Erweiterung" bezeichnen. Damit rückte auch der bis dahin von der Methoden- und Theoriediskussion weitgehend vernachlässigte Zweite Weltkrieg immer mehr in den Mittelpunkt. Das hatte nicht zuletzt Gründe, die in den externen Bedingungen der Geschichtsschreibung lagen: die vielzitierte Rückkehr des Krieges nach Europa und die damit verbundene Nachfrage nach historischer Orientierung, der Generationswechsel und auch die erinnerungspolitische Dynamik der vielen „runden" Jahrestage nach einem halben Jahrhundert. Mittlerweile hat der „Krieg" als Gegenstand der Forschung längst seinen Weg in die Zunft gefunden[3].

---

[2] Um nur ein Beispiel jenseits der militärischen Memoirenliteratur zu geben: In der Reihe des Instituts für Besatzungsfragen in Tübingen, des Zentrums der Geschichte der deutschen Besatzungsherrschaft im Zweiten Weltkrieg, erschien u.a. der lange Zeit maßgebliche Band zum französischen Widerstand gegen die deutsche Besatzungsmacht – verfasst von dem ehemaligen Chef des Sicherheitsdienstes in Bordeaux: Hans Luther, Der französische Widerstand gegen die deutsche Besatzungsmacht und seine Bekämpfung, Tübingen 1957.
[3] Vgl. Thomas Kühne/Benjamin Ziemann (Hrsg.), Was ist Militärge-

Das trifft nicht zuletzt auf die Auseinandersetzung mit dem Luftkrieg in Deutschland zu. Ihm gilt seit einigen Jahren das besondere Interesse der Öffentlichkeit; keine Zeitung, die nicht im Umfeld des 60. Jahrestages ihre Leser um „Erfahrungsberichte" bat – wie ohnehin der „Zeitzeuge" besonders gefragt war, seine eigenen „brennenden Erinnerungen" in das kollektive Gedächtnis der Fernsehnation zu überführen[4]. Derlei Berichte summierten sich nicht selten zu einem lokal- und regionalgeschichtlichen Blick auf die „Heimat unter Bomben"[5].

Wie über den Bombenkrieg auf eine angemessene Weise zu berichten sei, die den vielfältigen Erfahrungen von Gewalt, Leiden und Tod auf deutscher Seite gerecht wird, ohne einer einseitigen, womöglich apologetischen Selbststilisierung als Opfer Vorschub zu leisten, darüber wurde nicht nur in der Geschichtswissenschaft debattiert[6]. Man darf gespannt sein, wie die Bilanz zu den 70. Jahrestagen 2014/15 ausfallen wird. In der Zwischenzeit stehen die Chancen gut für eine nüchterne Aufarbeitung des Luftkriegs als einer wesentlichen Dimension der Gesellschafts- und Erinnerungsgeschichte des Zweiten Weltkriegs[7]. Darin liegt ja der heuristische Reiz einer Geschichte des Bombenkriegs: dass sie über sich hinausweist und Zugänge zu dem komplexen Phänomen der (deutschen) Kriegsgesellschaft öffnet. Die Analyse der Voraussetzungen, der Formen und Folgen des Luftkriegs kann Lösungen für weitergreifende Probleme der Weltkriegs- und NS-Forschung liefern. Wie das nationalsozialistische Regime im Krieg funktioniert, warum die große Mehrheit der deutschen Bevölkerung den

---

schichte?, Paderborn u.a. 2000; Jutta Nowosadtko, Krieg, Gewalt und Ordnung. Eine Einführung in die Militärgeschichte, Tübingen 2002.

[4] Vgl. Susanne Rieger, Brennende Erinnerung. Münchner Zeitzeugen berichten über den Luftkrieg, Berlin 2005.

[5] Vgl. die Dokumentation von Willi Riegert (Hrsg.), Heimat unter Bomben. Der Luftkrieg im Raum Steinfurt und in Münster und Osnabrück 1939–1945, Dülmen 2003.

[6] Vgl. insbesondere die Kontroverse um den Band von Jörg Friedrich; dazu Ralf Blank, Rezension von: Jörg Friedrich: Der Brand. Deutschland im Bombenkrieg, Berlin/München 2002, in: sehepunkte 2 (2002), Nr. 12 [15.12.2002], URL: http://www.sehepunkte.historicum.net/2002/12/3549071655.html.

[7] Vgl. Jörg Echternkamp, Im Kampf an der inneren und äußeren Front. Grundzüge der deutschen Gesellschaft im Zweiten Weltkrieg, in: Ders. (Hrsg.), Das Deutsche Reich und der Zweite Weltkrieg (künftig: DRZW), Bd. 9: Die deutsche Kriegsgesellschaft 1939 bis 1945, 1. Teilband: Politisierung, Vernichtung, Überleben, München 2004, S. 1–92; Dietmar Süß, Erinnerungen an den Luftkrieg in Deutschland und Großbritannien, in: Aus Politik und Zeitgeschichte 18–19 (2005), S. 19–26.

Krieg so lange ertragen und ermöglicht hat, welche Auswirkungen die Kriegserfahrungen auf die Nachkriegszeit hatten – das sind Kernfragen, auf die nicht zuletzt eine seriöse Beschäftigung mit dem Bombenkrieg Antworten liefern kann. Insofern leistet die Luftkriegsforschung einen essentiellen Beitrag zu einer Geschichte der Bedingungen und Erfahrungen des totalen Krieges, in der es um jene die „Kriegsgesellschaft" kennzeichnende Wechselbeziehung geht, um die sozialen, kulturellen, politischen Faktoren, welche die Kriegführung so lange ermöglicht haben, und umgekehrt darum, wie diese Kriegführung auf die Gesellschaft zurückwirkte, vor allem in der Radikalisierung der Kriegsendphase. Kriegserfahrungen werden hier als das Resultat einer Interpretation verstanden, als „die deutende Aneignung der Kriegswirklichkeit durch die jeweils Betroffenen", daher als „die jeweils gegenwärtige Praxis während der Kriege und – gewissermaßen in sedimentierter Form – als Sinnstiftungs- und Deutungsmuster in Kommunikations- und Interaktionsprozessen außerhalb von Kriegszeiten"[8].

Forschung zum Zweiten Weltkrieg in Deutschland ist deshalb – wie könnte es anders sein? – immer ein Beitrag zur Frage nach den Herrschaftsmechanismen des totalitären Regimes, genauer: nach den Bedingungen und Grenzen seiner Totalität. Deshalb ist es in der Tat wichtig, die Verschränkung des Luftkriegs mit der nationalsozialistischen Herrschaftspraxis im Wandel des Kriegsverlaufs unter die Lupe zu nehmen. Genauer zu untersuchen wären mithin jene Institutionen, Politikfelder und die vielfältigen Formen sozialer Praxis, die das Verhältnis von Zivilbevölkerung und Bombenkrieg betreffen. Welche Rolle spielte der Luftschutz? Welche die Nationalsozialistische Volkswohlfahrt (NSV)? Welche Deutungsangebote lieferte die Propaganda? Im Bombenkrieg ging es stets auch um die Legitimation und Stabilisierung von Herrschaft, um den Rückhalt des Regimes, das sich der Bedeutung der Stimmung, der Zustimmung nur allzu bewusst war. Durch die Rückkopplung der Propaganda an die jeweilige Stimmung und die im Halbschatten der Teilöffentlichkeit – in Warteschlangen, Bunkerkellern, Wohnzimmern – brodelnden Gerüchte suchte das Regime gegenzusteuern[9].

---

[8] Vgl. Sonderforschungsbereich 437, Kriegserfahrungen. Krieg und Gesellschaft in der Neuzeit an der Eberhard-Karls-Universität Tübingen, URL: http://www.uni-tuebingen.de/SFB437/F.htm.
[9] Vgl. die Beiträge von Aristotle A. Kallis, Jeffrey Herf und Birthe Kundrus in: Jörg Echternkamp (Hrsg.), DRZW, Bd. 9: Die deutsche Kriegsgesellschaft 1939 bis 1945, 2. Teilband: Ausbeutung, Deutungen, Ausgrenzung, München 2005; als Quellen: Willi A. Boelcke(Hrsg.), Meldungen aus dem

Der „Umgang" mit den Bombenangriffen spiegelt den Kampf an der inneren und äußeren Front wider, der die Kriegsgesellschaft des NS-Regimes kennzeichnete. Die Angriffe wirkten als positive wie negative Faktoren der Vergesellschaftung, in dem sie den Zusammenschluss der meisten Betroffenen zu einer Art Schutzgemeinschaft förderten, zugleich jedoch durch den Ausschluss einer Minderheit aus der Bunkergemeinschaft die Grenzen der „Volksgemeinschaft" markierten. Wem war ein Platz im Bunker sicher, wer blieb außen vor? Wer durfte mit staatlichen Entschädigungen rechnen, wer blieb auf sich gestellt? Wer musste die Trümmer beseitigen und Leichen bergen, wem blieb diese lebensgefährliche Aufgabe erspart? Innerhalb der „Volksgemeinschaft" verschoben sich zudem unter den Bedingungen des Bombenkriegs die Trennlinien der Geschlechterordnung. Um den Mangel an Männern auszugleichen, die in der Wehrmacht waren, arbeiteten Frauen nicht nur in Rüstungsbetrieben, sie wurden auch im Luftschutz eingesetzt. Der Blick auf den Krieg aus diesem Blickwinkel erhellt insofern auch die bislang vernachlässigte geschlechtergeschichtliche Dimension des Zweiten Weltkriegs[10].

Neue Quellen zur Luftkriegsgeschichte

Will man solchen erfahrungsgeschichtlichen Aspekten auf die Spur kommen, können Quellen herangezogen werden, die für die „Heimatfront" bislang noch zu wenig genutzt worden sind. So bilden Fotografien, die den Krieg an der „Heimatfront", den Kriegsalltag im Bombenkrieg zeigen, in vielen Kommunal- und Staatsarchiven

---

Reich 1938 – 1945. Die geheimen Lageberichte des Sicherheitsdienstes der SS, Herrsching 1984; Wolfram Wette (Hrsg.), Das letzte halbe Jahr: Stimmungsberichte der Wehrmachtpropaganda 1944/45, Essen 2001; Otto Dov Kulka/Eberhard Jäckel (Hrsg.), Die Juden in den geheimen NS-Stimmungsberichten 1933 – 1945, Düsseldorf 2004. Vgl. auch den Beitrag von Dietmar Süß in diesem Band über Nationalsozialistische Deutungen des Luftkrieges.
[10] Vgl. bislang Karen Hagemann/Ralf Pröve (Hrsg.), Landsknechte, Soldatenfrauen und Nationalkrieger. Militär, Krieg und Geschlechterordnung im historischen Wandel, Frankfurt a.M. 1998; Ute Frevert (Hrsg.), Militär und Gesellschaft im 19. und 20. Jahrhundert, Stuttgart 1997; dies., Die kasernierte Nation. Militärdienst und Zivilgesellschaft in Deutschland, München 2001; Karen Hagemann/Stefanie Schüler-Springorum (Hrsg.), Heimat – Front. Militär und Geschlechterverhältnisse im Zeitalter der Weltkriege, Frankfurt a.M. 2002. Vgl. auch den Beitrag von Nicole Kramer in diesem Band über „Kämpfende Mütter" und „gefallene Heldinnen" – Frauen im Luftschutz.

umfangreiche Quellenbestände[11]. In populärwissenschaftlichen Darstellungen haben diese Fotos seit langem viel Raum eingenommen, in der Regel als eine illustrative Dreingabe ohne jede Quellenkritik. Den Herausgebern scheint es um den augenfälligen Beleg der Authentizität zu gehen, gelegentlich ist sogar eine voyeuristische Note zu spüren, wenn die Bände zum Kriegsalltag allzu üppig mit Bildern angereichert werden. Diese Kriegsfotos als historische Quelle zu nutzen und zum Gegenstand einer sozial-, erfahrungs- und erinnerungsgeschichtlichen Analyse zu machen, ist eine reizvolle Aufgabe nicht zuletzt der Luftkriegsgeschichte. Die Historische Bildforschung, die in den letzten Jahren Fahrt aufgenommen hat, liefert hier wertvolle Hinweise, zumal sie starke Impulse durch die bildliche Präsentation des Zweiten Weltkriegs in der Ausstellung „Verbrechen der Wehrmacht – Dimensionen des Vernichtungskrieges 1941 – 1944" gewonnen hat[12]. Wie das Bild vom Krieg, vom Luftkrieg, als ein historisches Dokument präsentiert werden kann, wie es kontextualisiert und auf Intention und Rezeption hin befragt werden muss, haben einige Ausstellungen bereits erfolgreich gezeigt[13]. Eine weitere, für die sozial- und erfahrungsgeschichtlich orientierte Geschichte des Krieges auch

---

[11] Vgl. etwa für das Kriegsende in europäischer Perspektive Rudolf Wakonigg/Hermann Arnhold, 1945 – Im Blick der Fotografie. Kriegsende und Neuanfang, Münster 2005. Zur Bildforschung des Bombenkriegs: Thomas Deres/Martin Rüther (Hrsg.), Fotografieren verboten! Heimliche Aufnahmen von der Zerstörung Kölns, Köln 1995; Sigrid Schneider (Hrsg.), Bildberichte. Aus dem Ruhrgebiet der Nachkriegszeit. Ausstellungskatalog des Ruhrlandmuseums Essen (12. April bis 30. Juli 1995), Bottrop 1995; Jens Jäger, Fotografie – Erinnerung – Identität. Die Trümmeraufnahmen aus deutschen Städten, in: Jörg Hillmann/John Zimmermann (Hrsg.), Kriegsende 1945 in Deutschland, München 2002, S. 287 – 300; Ruth Goebel/Markus Köster, 1945. Fotografien aus Westfalen, Münster 2005; Helmut Beer, „Luftkrieg und Zerstörung" 1942 – 1945 in den Fotobeständen des Stadtarchivs Nürnberg, in: Michael Diefenbacher/Wiltrud Fischer-Pache (Hrsg.), Der Luftkrieg gegen Nürnberg. Der Angriff am 2. Januar 1945 und die zerstörte Stadt, Nürnberg 2005, S. 596 – 788.
[12] Gerhard Paul, Bilder des Krieges. Krieg der Bilder. Die Visualisierung des modernen Krieges, Paderborn u.a. 2004; Hamburger Institut für Sozialforschung (Hrsg.), Verbrechen der Wehrmacht. Dimensionen des Vernichtungskrieges 1941 – 1944, Hamburg 2002.
[13] Vgl. etwa Burkhard Asmuss/Kay Kufeke/Philipp Springer (Hrsg.), Der Krieg und seine Folgen 1945. Kriegsende und Erinnerungspolitik in Deutschland. Ausstellungskatalog des Deutschen Historischen Museums (28. 4.-23. 10. 2005), Berlin 2005; Christian Hartmann/Johannes Hürter/Ulrike Jureit (Hrsg.), Verbrechen der Wehrmacht. Bilanz einer Debatte, München 2005.

im Deutschen Reich wichtige Quelle bildet die Feldpost. Waren diese Briefe bislang in erster Linie ein Schlüssel zum Verständnis der soldatischen Kriegserfahrung an der Front[14], können sie auch für ein besseres Verständnis des Bombenkriegs an der „Heimatfront" herangezogen werden. Die private Korrespondenz lässt Rückschlüsse auf die subjektive Wirklichkeit des Krieges und ihre politische Funktion im nationalsozialistischen Kriegsalltag zu. Frauen, die ihren Männern an die Front schrieben, berichteten über den letzten Bombenangriff auf die eigene Stadt, schilderten die Zerstörung, übermittelten die Namen der Toten aus dem Bekanntenkreis oder schickten als Ausgebombte einen Hilferuf an den Ehemann und Familienvater[15].

Auch in diesem Fall gelten die üblichen quellenkritischen Kautelen: Briefe bilden die Wirklichkeit nicht – wie der Hinweis auf einen besonders hohen Grad der Authentizität gelegentlich noch immer suggeriert – im Verhältnis 1:1 ab, sondern spiegeln die vielfach gefilterten Deutungen des Briefschreibers wider. Welcher Ausschnitt des Krieges in der Feldpost angesprochen wird, hängt unter anderem davon ab, was der Verfasser dem Adressaten überhaupt mitteilen wollte, was er mitteilen durfte, nicht zuletzt was er aufgrund seines Sprachvermögens und seines sozialen Wissens mitteilen konnte. Auch bei Briefen aus dem Reich ist deshalb zu berücksichtigen, was sie enthalten – und was nicht. Das Thema Bombenkrieg im Brief ist insofern Gegenstand einer sprachlich und kognitiv vorstrukturierten Interpretation in einer spezifischen Kommunikationssituation, die insbesondere Aussagen über die Selbst- und Fremdwahrnehmung des Briefschreibers und, häufiger wohl, der Briefschreiberin zulässt, die nicht zuletzt durch die Vorstellung von der Erwartung des Adressaten bestimmt wurden[16]. Die privaten Briefe weisen ebenso

---

[14] Zur Feldpost als Quelle für die soldatische Kriegserfahrungen vgl. Klaus Latzel, Deutsche Soldaten – nationalsozialistischer Krieg? Kriegserlebnis – Kriegserfahrung 1939–1945, Paderborn u.a. 1998; Martin Humburg, Das Gesicht des Krieges. Feldpostbriefe von Wehrmachtssoldaten aus der Sowjetunion 1941–1944, Opladen 1998; Klaus Latzel, Wehrmachtssoldaten zwischen „Normalität" und NS-Ideologie, oder: Was sucht die Forschung in der Feldpost?, in: Rolf-Dieter Müller/Hans-Erich Volkmann (Hrsg.), Die Wehrmacht. Mythos und Realität, München 1999, S. 573–588.

[15] Vgl. für die Kriegsendphase mit Dokumenten Jörg Echternkamp, Kriegsschauplatz Deutschland 1945. Leben in Angst, Hoffnung auf Frieden: Feldpost aus der Heimat und von der Front, Paderborn 2006.

[16] Vgl. Klaus Latzel, Vom Kriegserlebnis zur Kriegserfahrung. Theoretische und methodische Überlegungen zur erfahrungsgeschicht-

wie Tagebücher ex negativo, durch die Abwesenheit von Berichten über den Bombenkrieg, auf die verblüffende Gleichzeitigkeit von Krieg und „Frieden" hin. Es war ja keineswegs so, dass ganz Deutschland mit einem Bombenteppich belegt wurde. Ohne das Ausmaß des Luftkriegs, zumal 1944/45, ohne Leid und Schrecken im geringsten zu schmälern, lässt sich doch festhalten, dass weite Teile der Bevölkerung von den Luftangriffen gar nicht oder nur indirekt betroffen waren: Sie lasen davon in der Zeitung, hörten davon in den so genannten Wehrmachtberichten, sahen die Bomber der U.S. Air Force und der Royal Air Force, wenn ihre Gemeinden in einer Einflugschneise lagen, erfuhren Näheres aber erst durch die „Ausgebombten", also jene Menschen – Frauen, Kinder und Alte zumeist –, die aus den besonders gefährdeten Gebieten im Nordwesten in die zunächst nicht oder weniger gefährdeten Gegenden im Osten und Süden des Reiches evakuiert worden waren, dort aber nicht immer mit offenen Armen von denen aufgenommen wurden, bei denen sie Schutz suchten. Auch davon zeugen die Briefe von der „Heimatfront".

Bilder und Briefe aus dem Bombenkrieg künden zudem von den materiellen Folgen des Krieges, die noch lange nach Kriegsende an ihn erinnerten. Die großen Panzerschlachten mochten weitab in Osteuropa ihre nur schwer verheilenden Narben in der Landschaft hinterlassen haben. Im Reich waren es in erster Linie die Bombenangriffe, die auf Jahrzehnte – zum Teil bis heute – ihre Spuren der Zerstörung in die städtische Landschaft zogen. Insofern bildet der Luftkrieg ein Scharnier zwischen der Zeit des Krieges und der Nachkriegszeit, die deshalb auch historiographisch als eine solche, weniger oder doch nicht allein als eine Vorgeschichte der Bundesrepublik und der DDR betrachtet werden muss[17]. Die Folgen der Bombardements unterstreichen die Präsenz des Krieges nach dem Krieg. Die steinernen Kriegsschäden eigneten sich schon bald als Instrumente in der politischen Systemkonkurrenz. Ruinen, die nicht beseitigt, sondern belassen wurden, galten wie etwa die Kaiser-Wilhelm-Gedächtnis-Kirche in (West-) Berlin als weithin sichtbare Belege der Schrecken des Kriegs oder, wie die Trümmer der Dresdener Frauenkirche, als Erinnerungsorte für die Aggression der

---

lichen Untersuchung von Feldpostbriefen, in: Militärgeschichtliche Mitteilungen 56 (1997), S. 1 – 30.

[17] Vgl. Klaus Naumann (Hrsg.), Nachkrieg in Deutschland, Hamburg 2001; Jörg Echternkamp, Nach dem Krieg. Alltagsnot, Neuorientierung und die Last der Vergangenheit 1945 – 1949, Zürich 2003.

Gegenseite[18]. Der Bombenkrieg hinterließ Baudenkmäler. In den meisten Großstädten stehen noch heute Hochbunker, bemalt, „umgenutzt", aber unverkennbare Monumente, die an den Bombenkrieg erinnern und – weniger offenkundig – an die Zwangsarbeiter, die sie erbaut haben[19]. Doch die Bunker weisen zudem über den Mai 1945 hinaus in die frühen Nachkriegsjahre, in denen sie Flüchtlingen und Vertriebenen als Notunterkünfte dienten. Manche Bunkeranlagen sind heute touristische Ziele geworden und laden zu „Reisen in die Unterwelt" ein, wie etwa die Bunkeranlage bei Wünsdorf im südlichen Berliner Umland, wo sich bis April 1945 das Oberkommando des Heeres (OKH) befand. Wer sich mit der Geschichte und der Erinnerung an den Luftkrieg in Deutschland beschäftigt, wird an diesen Relikten nicht vorbeikommen. Mikro- und makrohistorische Ansätze ergänzen auch hier einander. Welchen Platz erhielten die Ruinen in der lokalen Erinnerungskultur? Wie wurde diese lokale und regionale Kriegserinnerung in die nationale Geschichte des Krieges eingeflochten? Wie wandelte sich beides in den vergangenen sechzig Jahren? Die Geschichte des Luftkriegs weist mithin zahlreiche Wege in die Komplexität des Kriegsalltags. Sie braucht dazu einen konzeptionellen Rahmen, auch, ja gerade wenn sie sich auf Fallstudien stützt. Eine zentrale Konzeption für die – im methodischen wie narrativen Verständnis – Geschichtsschreibung des Zweiten Weltkriegs und damit auch des Luftkriegs ist die des „totalen Krieges". Zwar scheint es für viele selbstverständlich, den Zweiten Weltkrieg als einen „totalen Krieg" zu definieren, oder genauer: als „a paradigmatic instance of total war"[20]. Doch das hat weit-

---

[18] Vgl. Cyril Buffet, Rêves de pierre. Reconstruction et planification des capitales européennes. Étude comparative entre Londres et Berlin, in: Dominique Barjot/Rémi Baudouï/Danièle Voldman (Hrsg.), Les Reconstructions en Europe (1945 – 1949), Brüssel 1997, S. 91 – 108.
[19] Vgl. Silke Wenk (Hrsg.), Erinnerungsorte aus Beton. Bunker in Städten und Landschaften, Berlin 2001; Marc Buggeln/Inge Marszolek, Der Bunker, in: Alexa Geisthövel/Habbo Knoch (Hrsg.), Orte der Moderne. Erfahrungswelten des 19. und 20. Jahrhunderts, Frankfurt a. M. 2005, S. 281 – 289.
[20] Vgl. auch zum Folgenden die Konferenz- und Publikationsreihe, die das Thema vom Amerikanischen Bürgerkrieg bis 1945 untersucht: Stig Förster/Jörg Nagler (Hrsg.), On the Road to Total War. The American Civil War and the German Wars of Unification, 1861 – 1871, Cambridge u. a. 1997; Manfred F. Boemeke (Hrsg.), Anticipating Total War. The German and American Experiences, 1871 – 1914, Cambridge u. a. 1999; Roger Chickering/ Stig Förster (Hrsg.), Great War, Total War. Combat and Mobilization on the Western Front, 1914 – 1918, Cambridge u. a. 2000; dies. (Hrsg.), The Shadows of Total War. Europe, East Asia, and the United States, 1919 – 1939, Cambridge u. a. 2003; dies./Bernd Greiner (Hrsg.), A World at

reichende methodologische Konsequenzen, die vor allem die narrative Logik der Geschichtsschreibung des Krieges betreffen. Statt den totalen Krieg als solchen zu definieren, haben Historiker das Konzept als ein Modell genutzt, das durch folgende Merkmale gekennzeichnet ist: den Einsatz massiver bewaffneter Macht; die weitreichende Mobilisierung der Wirtschaft und der personellen Ressourcen – Zivilisten wie Soldaten – für den Krieg; die Radikalisierung der Kriegführung, die jede Einhegung des Konflikts ignoriert; das kompromisslose Verfolgen extremer Kriegsziele und deren Legitimation durch das Dämonisieren des Feindes; schließlich die systematische Zerstörung der Grenze zwischen Kombattanten und Nichtkombattanten. Im totalen Krieg werden auch Zivilisten zu legitimen, wenn nicht bevorzugten Zielen militärischer Gewalt.

An diesen Charakteristika gemessen, kommt der Zweite Weltkrieg diesem Idealtyp näher als jeder andere Konflikt. Das Problem liegt aber darin, dass diese Nähe zum Idealtyp eine „master narrative" der modernen Militärgeschichte nahe legt, eine „Meistererzählung" also, welche die Geschichte der Kriegführung vom Amerikanischen Bürgerkrieg bis zum Zweiten Weltkrieg als einen immer weitergehenden Prozess der Annäherung an den Idealtyp beschreibt. Aber kann der Zweite Weltkrieg, kann der Luftkrieg als das Ende, womöglich das Ziel von 150 Jahren Militärgeschichte angemessen dargestellt werden? Zudem kennen wir die Gefahren einer teleologischen Herangehensweise, die den historischen Phänomenen Gewalt antut, wenn sie diese allein auf ihre Vorläufer-Funktion hin untersucht.

Zudem hat ja die neuere Forschung gezeigt, dass man mit Blick auf den Zweiten Weltkrieg doch nur bedingt von einem „totalen Krieg" sprechen kann, dass die Totalität zwischen 1939 und 1945 ihre Grenzen hatte: was die geographische Ausdehnung angeht, die Beeinträchtigung des zivilen Lebens, die ökonomische Mobilisierung, den Einsatz der personellen Ressourcen für die Wehrmacht zum Beispiel aufgrund der tradierten Geschlechterrollen. Auch die Kriegsgefangenen wurden weitgehend in Übereinstimmung mit internationalem Recht behandelt – außer an der Ostfront allerdings. Mit Blick auf die deutsche Gesellschaft ist hier schließlich interessant, dass der Zweite Weltkrieg weniger „total" war als der Erste, was das Leben an der so genannten Heimatfront betrifft. Das Alltagsleben war im Zweiten Krieg lange Zeit weit

---

Total War. Global Conflict and the Politics of Destruction, 1937–1945, Cambridge u.a. 2005.

weniger beeinträchtigt, als das 1914/18 der Fall gewesen war – die Nationalsozialisten hatten die Lektion gelernt. Die besetzten Gebiete, die Zwangsarbeiter und die Juden zahlten den Preis für den vergleichsweise hohen Lebensstandard der Deutschen im Krieg. Um beide Nachteile, die teleologische Befangenheit und die empirischen Grenzen der „Totalität", zu vermeiden, kann man sich dem Phänomen in einem „nominalistischen" Ansatz nähern: Der totale Krieg wird dann in einem zeitlich engeren und konkreterem Sinn auf jene Zeit bezogen, in der von ihm als solchem die Rede war. Es geht also um die Bedeutungen, die der Begriff des totalen Krieges seit den zwanziger Jahren im öffentlichen und im militärischen „Diskurs" erhielt, in den auch Rosenbergs eingangs erwähnte Vision eines Luftkriegs einzuordnen ist. Insofern geht es der jüngeren Forschung zum totalen Krieg nicht zuletzt um die semantische Analyse. Der Luftkrieg stand im Zentrum dieser Vision eines künftigen, nunmehr „totalen Krieges". Der Akzent liegt auf der Rolle der Zivilisten. Auch aus dieser Perspektive scheint eines klar zu sein: Eine Geschichte des Zweiten Weltkriegs muss über die operationsgeschichtlichen, politischen und diplomatischen Dimensionen weit hinausgehen und den Krieg auch als einen Krieg gegen Zivilisten begreifen. Dass Nichtkombattanten in dieser extremen Weise militärische Gewalt erfuhren, ist nachgerade das Kennzeichnen des totalen Krieges, in dem der Luftkrieg auf die technologische Dimension dieser Gewalterfahrung deutet, während der Holocaust auf die ideologischen, kulturellen und politischen Faktoren einer massenhaften Vernichtung von Zivilisten hinweist. Ob man nun den „totalen Krieg" in diesem engeren Sinn versteht oder als Idealtyp begreift – beide Ansätze eignen sich dazu, künftig Lücken der Weltkriegsforschung zu füllen.

Perspektiven der Forschung

Welche Tendenzen einer Gesellschaftsgeschichte des Zweiten Weltkriegs zeichnen sich ab? Was bedeutet das für die Geschichte des Luftkriegs? Drei Entwicklungen fallen ins Auge: Der Zweite Weltkrieg wird, erstens, weiterhin als ein Gegenstand für Fallstudien zu epochenübergreifenden Fragen dienen. Künftig wird es verstärkt darum gehen, das Geschehen der Jahre 1939 bis 1945 in einer zeitlich weitergreifenden, diachronen Betrachtung zu analysieren. Die Frage lohnt, inwiefern ältere Erfahrungen die Wahrnehmung des Bombenkriegs vorstrukturierten. Versteht man unter Kriegserfahrung die deutende Aneignung des Krieges, erzwingt diese Definition die Rückkopplung der individuellen

Kriegserfahrungen mit den gesellschaftlichen Strukturen in Zeit und Raum. Deshalb brauchen wir weitere Forschungen über die mentalen Bedingungen der Kriegserfahrungen, über das kulturelle Wissen, nicht zuletzt: die vorherigen Narrationen von Krieg und die Kriegsbilder, die dieser Deutung zugrunde lagen. Zu fragen ist etwa nach den gängigen Vorstellungen von der eigenen Nation und von dem „Anderen", gegen den der Krieg geführt wurde. Erinnerung ist dann Teil jenes Traditionsbestandes des sozialen Wissens, der wie „ein Filter vor den Ereignissen und Erlebnissen im Kriege selbst" lag und Angebote für die Sinngebung bereit hielt[21]. Die skizzierte Konzeption des „totalen Krieges" als heuristisches Instrument eröffnet spannende, bis ins 19. Jahrhundert reichende Perspektiven, in denen auch der Zweite Weltkrieg besser eingeordnet werden kann. Auch die Formel vom „Zeitalter der Weltkriege" weist in diese Richtung[22]. Besatzungsherrschaft, Kriegsgefangenschaft, Heldentum, Kriegsgräuel oder das Verhältnis von Krieg und Geschlecht sind Themen einer solchen Längsschnittanalyse. Für eine diachrone Geschichte des Bombenkriegs sind die zeitlichen Grenzen freilich vergleichsweise eng gesteckt. Doch Verdunklungsmaßnahmen und Flak-Stationierungen kannte das Ruhrgebiet bereits aus dem Ersten Weltkrieg[23].

Zwar gibt es kaum ein historisches Phänomen, das in so hohem Maße und qua definitionem transnational ist. Dennoch wurde und wird die Geschichte des Zweiten Weltkriegs zumeist in das Prokrustesbett der Nationalgeschichte gezwängt. Eine Europäisierung der Weltkriegsgeschichte dagegen – das ist die zweite Entwicklung – bietet mehrere Vorzüge, nicht zuletzt im Hinblick auf die Geschichte des Luftkriegs: Sie wird für die spezifische Chronologie des Krieges sensibilisieren, seine je unterschied-

---

[21] Reinhart Koselleck, Der Einfluß der beiden Weltkriege auf das soziale Bewußtsein, in: Wolfram Wette (Hrsg.), Der Krieg des kleinen Mannes. Eine Militärgeschichte von unten, München/Zürich 1992, S. 324–343, hier S. 326.
[22] Vgl. Volker R. Berghahn, Europa im Zeitalter der Weltkriege. Die Entfesselung und Entgrenzung der Gewalt, Frankfurt a. M. 2002; Gerhard Paul Groß (Hrsg.), Die vergessene Front – der Osten 1914/15. Ereignis, Wirkung, Nachwirkung (Zeitalter der Weltkriege, Bd. 1), Paderborn u.a. 2006.
[23] Vgl. Danièle Voldman, Les populations civiles, enjeux du bombardement des villes (1914–1945), in: Stéphane Audoin-Rouzeau/Annette Becker/Christian Ingrao/Henry Rousso (Hrsg.), La Violence de guerre 1914–1945. Approches compareés des deux conflits mondiaux, Brüssel 2002, S. 151–173.

lichen Anfangs- und Endpunkte erkennen lassen und länderspezifische „Schlüsseljahre" als Wendemarken herausstellen. Am Ende wird womöglich das Konstrukt des *einen* Weltkriegs auf seinen Erkenntnisgewinn zu untersuchen sein. Das Ziel einer solchen Europäisierung, wenn nicht Globalisierung der historiographischen Perspektive kann es allerdings nicht sein, einer tendenziell homogenen Weltkriegserinnerung im europäischen Maßstab Vorschub zu leisten – im Gegenteil. Statt den kleinsten gemeinsamen Nenner zu suchen, hinter dessen Abstraktion die konkreten Kriegserfahrungen verblassen würden, sollte die regionale und nationale Vielfalt der Kriegserfahrungen ausgeleuchtet werden – was die Gemeinsamkeit *struktureller* Merkmale keineswegs ausschließt. Der Luftkrieg ist ein solches transnationales Merkmal. Insofern bietet die Luftkriegsforschung eine gute Ausgangsbasis für eine Historiographie des Weltkriegs in europäischer, wenn nicht globaler Perspektive – obgleich die unterschiedlichen Erinnerungen an die spezifischen Bombenangriffe in den verschiedenen europäischen Staaten, ja in den verschiedenen Regionen als Klammer einer europäischen Kriegserinnerung im Sinne einer Kriegserinnerung der Europäer ungeeignet sind.

Drittens: Die Geschichte des Zweiten Weltkriegs ist mittlerweile ein Terrain der Vergangenheitspolitik. Längst kreisen manche in die Öffentlichkeit der Feuilletons hineingetragenen wissenschaftlichen Debatten weniger um den historischen Gegenstand selbst als um die Geschichte seiner Vergangenheit. Der Streit um den Stellenwert des Bombenkrieges in Deutschland hat das in den vergangenen Jahren besonders nachdrücklich gezeigt. Es geht um Diskurse, um den rechten Platz des Krieges in der Erinnerungskultur der Deutschen und damit auch in der deutschen Geschichtswissenschaft. Dabei werden nicht selten die Erinnerungen von den Erfahrungen gelöst. Auch wenn das eine sich nicht aus dem anderen direkt ableiten lässt – das wäre ein dezisionistischer Kurzschluss –, disponieren doch die (eigenen) Kriegserfahrungen für bestimmte Kriegserinnerungen[24].

---

[24] Um diese drei methodischen Aspekte ging es deshalb auch am 3. und 4. 4. 2006 in Paris auf dem internationalen Kolloquium des Deutschen Historischen Instituts Paris und des Militärgeschichtlichen Forschungsamts Potsdam in Zusammenarbeit mit den Deutschen Historischen Instituten London, Moskau, Rom und Warschau und dem Institut d'Histoire du Temps Présent Paris unter dem Titel, „Être en guerre' – Erfahrungen und Erinnerungen. Der Zweite Weltkrieg in Europa". Vgl. den Tagungsbericht in: H-Soz-Kult vom 15.5.2005 (http://hsozkult. geschichte.hu-berlin.de/tagungsberichte/id=1121.).

Kriegserfahrungen sind auch deshalb so bedeutsam, weil sie mit der Konstruktion von individueller, aber auch kollektiver nationaler, regionaler und lokaler Identitäten unauflöslich verbunden sind. Insofern ist nach den längerfristigen Wirkungen des Krieges, des Luftkriegs zumal, auf die politischen Kulturen der Staaten wie der Städte zu fragen. Welche Folgen hatte er beispielsweise für die Wiederbewaffnung, oder, wie es die Kritiker nannten, die „Remilitarisierung" der Bundesrepublik? Welche Rolle spielt die Erinnerung für die Re-Konstruktion der urbanen Landschaft etwa in Hamburg und Magdeburg, Dresden oder Coventry? (Das kann man wörtlich nehmen, aber auch im übertragenen Sinn der städtischen Identität.) Und welche Brücke wurde von hier zur Entwicklung der nationalen Identität geschlagen? Darüber hinaus prägten die Kriegserinnerungen die internationalen Beziehungen, das Verhältnis zwischen den einzelnen Staaten in der Nachkriegszeit. In welche Richtung sich die Geschichtsschreibung des Luftkriegs auch bewegen wird, eines scheint sicher: Die historische Erforschung des Bombenkriegs bietet auf den methodischen Grundlagen der erweiterten Militärgeschichte, dank bislang wenig berücksichtigter Quellen und durch die Verknüpfung mit benachbarten Disziplinen vielfältige Chancen. Sie leistet einen Beitrag zu einer modernen Sozial- und Erinnerungsgeschichte des Zweiten Weltkriegs, welcher der Bedeutung des Luftkriegs gerecht wird, ohne den Blick auf die Vergangenheit des Weltkriegs zu verzerren.

Jörn Brinkhus
Ziviler Luftschutz im „Dritten Reich" – Wandel seiner Spitzenorganisation

Der strategische Bombenkrieg, den die britischen und amerikanischen Streitkräfte gegen das „Dritte Reich" führten, ist von der Forschung gründlich untersucht worden. Im Vordergrund dieser Studien stehen der politische Entscheidungsprozess, der Einfluss technischer Neuerungen, Strategie und Taktik der Angriffe, die Effektivität der deutschen Luftabwehr und die Frage, ob die Bombenoffensive den Sieg der Alliierten ermöglicht hat. Die zivilen Gegenmaßnahmen, die von der deutschen Seite unter dem Begriff ziviler Luftschutz zusammengefasst wurden, sind hingegen weit schlechter erforscht[1]. Dieser Aufsatz konzentriert sich unter Auswertung von Forschungsliteratur und Archivalien auf die Spitzenorganisation des Luftschutzes. Er stellt dieses Politikfeld,

---

[1] Erich Hampe, Der Zivile Luftschutz im Zweiten Weltkrieg. Dokumentation und Erfahrungsberichte über Aufbau und Einsatz, Frankfurt a.M. 1963, stellt ein Kompendium der Einsatzerfahrungen bereit, ist aber keine wissenschaftliche Untersuchung. Bernd Lemke, Luftschutz in Großbritannien und Deutschland 1923 bis 1939. Zivile Kriegsvorbereitungen als Ausdruck der staats- und gesellschaftspolitischen Grundlagen von Demokratie und Diktatur, München 2005, bietet eine erschöpfende Darstellung der Vorkriegszeit. Horst Boog, Strategischer Luftkrieg in Europa und Reichsluftverteidigung 1943 – 1944, in: Ders./Gerhard Krebs/Detlef Vogel, Das Deutsche Reich und der Zweite Weltkrieg (künftig: DRZW), Bd. 7: Das Deutsche Reich in der Defensive. Strategischer Luftkrieg in Europa, Krieg im Westen und in Ostasien 1943 – 1944/45, Stuttgart 2001, S. 3 – 417, und ders., Der angloamerikanische strategische Luftkrieg über Europa und die deutsche Luftverteidigung, in: Ders. u.a., DRZW, Bd 6: Der globale Krieg. Die Ausweitung zum Weltkrieg und der Wechsel der Initiative 1941 – 1943, Stuttgart 1990, S. 427 – 565, liefern Informationen zur Spitzenorganisation des Luftschutzes. Ralf Blank, Kriegsalltag und Luftkrieg an der „Heimatfront", in: Jörg Echternkamp (Hrsg.), DRZW, Bd. 9: Die deutsche Kriegsgesellschaft 1939 bis 1945, 1. Teilband: Politisierung, Vernichtung, Überleben, München 2004, S. 357 – 464, geht ausführlicher auf den Luftschutz ein. Michael Foedrowitz, Bunkerwelten. Luftschutzanlagen in Norddeutschland, Berlin 1998, behandelt ausführlich den Bunkerbau. Neuerdings zur Rolle von Goebbels im Luftkrieg: Dietmar Süß, Steuerung durch Information? Joseph Goebbels als „Kommissar der Heimatfront" und die Reichsinspektion für den zivilen Luftschutz, in: Rüdiger Hachtmann/Winfried Süß (Hrsg.), Hitlers Kommissare. Sondergewalten in der nationalsozialistischen Diktatur, Göttingen 2006, S. 183 – 206.

das mit seinen zahlreichen Maßnahmen (Bunkerbau, Einsatz von Polizeikräften, Schadensbekämpfung usw.) auf den ersten Blick ein stark organisatorisch-technisches Gepräge aufweist, in den Zusammenhang des ihn umgebenden politischen Systems. Bezugspunkte sind dabei zwei nebeneinander stehende Interpretationen des „Dritten Reichs", nämlich als charismatische Herrschaft und als Polykratie.

Zu den etablierten Thesen der Zeitgeschichtsforschung gehört die Charakterisierung des NS-Staats als Polykratie. Dass es ein unkoordiniertes Neben- und Gegeneinander der unterschiedlichen Herrschaftsträger gab, wird nicht (und wurde eigentlich nie) ernsthaft bestritten. Die heftig diskutierte Frage nach Effizienz und Effektivität dieses politischen Systems bei der Verwirklichung der politischen und ideologischen Ziele des Nationalsozialismus soll in diesem Aufsatz ausgeklammert werden. Diese Untersuchung beschränkt sich auf die – im engeren Sinne – organisatorischen Dysfunktionalitäten, also lähmende Machtkämpfe, langwierige Entscheidungsprozesse, unklare Kompetenzen, Doppelarbeit usw. Wie Peter Hüttenberger in seinem einflussreichen Polykratie-Aufsatz ausführt, habe lediglich Hitler diese nur lose verkoppelte Machtsstruktur zusammengehalten[2]. Dies ist ein Ansatzpunkt für die Interpretation des NS-Staats als charismatische Herrschaft in Anknüpfung an Max Weber. Denn es waren auch Hitlers keinem System folgende Eingriffe in politische Entscheidungsprozesse und die Einsetzung von persönlichen Gefolgsleuten als führerimmediate Sondergewalten, die zu einer Verwirrung der Machtverhältnisse im NS-Staat beitrugen. In den meisten Fällen reagierte der Diktator mit diesen Entschlüssen auf akute Problemlagen und Krisen, ohne die langfristigen Auswirkungen auf die politische Ordnung in Rechnung zu stellen[3]. Für diesen Aufsatz soll eine weitere Eigenheit charismatischer Herrschaft herausgestellt werden: ihre „Wirtschaftsenthobenheit"[4].

---

[2] Vgl. Peter Hüttenberger, Nationalsozialistische Polykratie, in: Geschichte und Gesellschaft 2 (1976), S. 417 – 442.
[3] Vgl. Ludolf Herbst, Der Fall Hitler – Inszenierungskunst und Charismapolitik, in: Wilfried Nippel (Hrsg.), Virtuosen der Macht. Herrschaft und Charisma von Perikles bis Mao, München 2000, S. 171 – 191, der mit dem Begriff „Charismapolitik" die Sprunghaftigkeit dieser Interventionen des Diktators kennzeichnet – in klarer Abgrenzung zu einer Einschätzung des NS-Staats als charismatische Herrschaft.
[4] Vgl. Max Weber, Gesamtausgabe, Bd. 22: Wirtschaft und Gesellschaft, 4. Teilband: Herrschaft, hrsg. von Edith Hanke, Tübingen 2005, S. 484 f., und ders., Wirtschaft und Gesellschaft. Grundriß der verstehenden Soziologie, Tübingen ^{5}1976, S. 140 – 147.

Politische Entscheidungen wurden im NS-Staat getroffen, ohne dass über die zu ihrer Verwirklichung notwendigen Ressourcen reflektiert wurde. Vielmehr erhoffte sich der Diktator, dass diese von seinen Sonderbeauftragten mobilisiert oder im politischen Machtkampf erstritten würden.

Der Beitrag versucht, die organisatorische Entwicklung anhand dieser Überlegungen zu charismatischer Herrschaft und NS-Polykratie zu analysieren. Wichtige Einschnitte in der Organisation der Spitzengliederung (Beginn des „Führerprogramms", Einsetzung des Interministeriellen Luftkriegsschädenausschusses, Errichtung der Reichsinspektion für zivile Luftkriegsmaßnahmen, Entmachtung der Luftwaffeninspektion 13) gliedern diese Studie. Eine solche Darstellungsweise kommt dem Argumentationsstrang dieser Arbeit zu Gute, der sich wie folgt zusammenfassen lässt: Im Laufe des Zweiten Weltkriegs unterlag der Luftschutz einem Wandel, der durch persönliche Interventionen Hitlers gekennzeichnet war. Neue Organisationen zur Durchsetzung des „Führerwillens" ergänzten in einem Neben- und Gegeneinander die schon bestehenden Institutionen, weshalb das Politikfeld Luftschutz organisatorische Kohärenz verlor. Sehr weit her war es damit aber nie gewesen. Schon die Lage bei Kriegsausbruch war von einem Neben- und Gegeneinander verschiedener Organisationen gekennzeichnet. Während der zivile Luftschutz bis 1933 von der Innenverwaltung vorbereitet worden war, änderte sich dies im Zuge der Machtergreifung: Hermann Göring beanspruchte als Reichskommissar für Luftfahrt Zuständigkeit auf diesem Gebiet. Das Reichsluftfahrtministerium (RLM) richtete die dem Staatssekretär Milch unterstehende und für den Luftschutz zuständige Luftwaffeninspektion 13 ein, die von dem ehemaligen Berufssoldaten und Ministerialrat im preußischen Handelsministerium, Kurt Knipfer, geleitet wurde[5]. Die Durchführung vor Ort blieb den Polizeidienststellen vorbehalten und gehörte während des „Dritten Reichs" in den Verantwortungsbereich der Ordnungspolizei. Bis 1942 verlief der Dienstweg vom Luftwaffenbefehlshaber Mitte als Gesamtleitung über die Luftgaukommandos (LGK) zu den Inspekteuren und Befehlshabern der Ordnungspolizei (IdO bzw. BdO) und von dort weiter zu den Polizeipräsidenten als örtlichen Luftschutzleitern. Dabei waren die LGK und BdO die wichtigsten Glieder der Kette, da hier die Schnittstelle zwischen ziviler und militärischer Macht, zwischen

---

[5] Vgl. Boog, Strategischer Luftkrieg in: Ders./Krebs/Vogel (Hrsg.), DRZW, Bd. 7, S. 208–214.

lokaler Durchführung und zentraler Steuerung lag[6]. Polizei und Luftwaffe als Planungs- und Lenkungsapparate des Luftschutzes standen mit dem Reichsluftschutzbund (RLB) und der NSDAP zwei Organisationen gegenüber, die miteinander um die Betreuung der Bevölkerung konkurrierten. Der RLB war aus den Luftschutzvereinen der Weimarer Republik entstanden und mitgliederstark, verfügte aber über wenig eigenen Einfluss, da er der Aufsicht der Inspektion 13 unterstand. Zudem verlor diese Vorfeldorganisation der Luftwaffe gegenüber der NSDAP an Boden, als diese sich massiv in die Vorbereitung der Bevölkerung auf den Luftkrieg einmischte[7]. Auf dem Feld der Luftschutzpolitik agierten somit vier Akteure: Luftwaffe, Polizei, Partei und der RLB. Schon zu Kriegsausbruch kann also von einer ausgeprägten Polykratie gesprochen werden, ohne dass wesentliche Eingriffe Hitlers in diesen Bereich der Innenpolitik stattgefunden hätten.

Das Luftschutz-Führersofortprogramm: Steuerungsdefizite im NS-Staat

Im Herbst 1940 verschlechterte sich die Kriegslage für das „Dritte Reich". Die Luftschlacht um England war verloren und die Landung im Inselreich auf unbestimmte Zeit verschoben worden. Zudem hatte die Royal Air Force Vergeltung für auf London abgeworfene Bomben geübt und Anfang August 1940 die Reichshauptstadt bombardiert. Hitler reagierte auf zwei Ebenen auf die Herausforderung: Erstens beauftragte der Diktator Baldur von Schirach am 26. September mit der Erweiterten Kinderlandverschickung, also der präventiven Evakuierung von Schulkindern und Müttern aus Städten, die mutmaßlich von Bombenangriffen

---

[6] Vgl. Hampe, Ziviler Luftschutz, S. 245 – 260. Die für den Kriegsfall ursprünglich vorgesehene komplette Übernahme der Militärgliederung bis zu den Kommandeuren der Luftverteidigungsgebiete ist offensichtlich nicht durchgeführt worden. Diese Planungen sind festgehalten in: Besondere Anlage 10 zum Mob. Plan (Luftwaffe): Anordnungen des Reichsministers der Luftfahrt und Oberbefehlshaber der Luftwaffe für den zivilen Luftschutz, 1.1.1939, in: Bundesarchiv-Militärarchiv Freiburg (künftig: BA-MA), RLD 13/222. Die 1942 erlassene Luftwaffendienstvorschrift (LDv) 751 zementierte die Aufgabenteilung zwischen Polizei und Luftwaffe. Vgl. Grundsätze für die Führung des Luftschutzes, Dezember 1942, in: Ebenda, LDv 751.
[7] Vgl. Lemke, Luftschutz, S. 251 – 253 und S. 300 – 302. Zur Nationalsozialistischen Volkswohlfahrt als weiterer Hilfsorganisation sei auf den Beitrag von Armin Nolzen in diesem Band verwiesen.

bedroht waren[8]. Fast zeitgleich strengte er zweitens den Ausbau des baulichen Luftschutzes (Bunker und Schutzräume) an, um so die zurückbleibende Bevölkerung vor Bombardements zu schützen. Dieser Entschluss des Diktators fand seinen Niederschlag im Ende September initiierten „Luftschutz-Führersofortprogramm", das zunächst nur für die Reichshauptstadt galt, dann aber auf zahlreiche Städte ausgedehnt wurde[9]. Hitler nahm die Bedrohung durch englische Luftangriffe zu diesem Zeitpunkt offensichtlich sehr ernst[10]. Politische Programme wurden in Gang gesetzt, die den Vorbereitungen auf die erwarteten Bombardements dienten. Allerdings bediente sich Hitler hierbei keineswegs der etablierten Herrschaftsapparate, sondern übertrug seinem Rüstungsminister Fritz Todt außerordentliche Kompetenzen, um das Bunkerbauprogramm zu realisieren.

War bisher die Luftwaffe auf dem Gebiet des baulichen Luftschutzes federführend gewesen, so musste sie sich nun mit Todt in seiner Funktion als Generalbeauftragter der Bauwirtschaft (GB-Bau) auseinandersetzen. Zwar übernahm die Luftwaffe die fachliche Steuerung des Programms, aber der GB-Bau war auf dem Gebiet des baulichen Luftschutzes nun genauso wie bei zivilen Bautätigkeiten für die Zuteilung von Ressourcen und Personal zuständig. Für die Reichshauptstadt wurde eine Sonderlösung getroffen; hier nahm Speer als Generalbauinspekteur für Berlin die Vollmachten Todts wahr[11]. Inhaltlich sah der Führererlaß vom 10. Oktober sowohl eine quantitative Ausweitung des Schutzes als auch dessen qualitative Verbesserung vor: Keller sollten behelfsmäßig zu lediglich splittersicheren Schutzräumen ausgebaut und bombensichere Bunker errichtet werden, die Schutz vor Direkttreffern bieten sollten[12]. Schon im Herbst 1940 stieß das Programm, in dem binnen zweier Jahre in einer ersten Welle 61 Städte und in einer zweiten Welle 56 Städte mit verbessertem baulichen Luftschutz versehen werden sollten, an praktische Grenzen.

---

[8] Hierzu grundlegend Gerhard Kock, „Der Führer sorgt für unsere Kinder..." Die Kinderlandverschickung im Zweiten Weltkrieg, Paderborn u.a. 1997.
[9] Vgl. Foedrowitz, Bunkerwelten, S. 9–18
[10] Vgl. Ian Kershaw, Hitler, Bd. 2: 1936–1945, Stuttgart 2001, S. 417f.
[11] Rundschreiben des RLM an die Luftflottenkommandos, Luftgaukommandos und andere Einrichtungen der Luftwaffe und die Obersten Reichsbehörden, 41a L In 13 Nr. 2300/40 (1 I A), 16.10.1940, in: Bundesarchiv Berlin (künftig: BA Berlin), R 43 II/1294a, Bl. 139.
[12] Erlass des Führers, 10.10.1940, in: BA-MA, RL 4/618, Bl. 10.

Denn insgesamt war für beide Wellen ein Bauvolumen von 4,6 Mrd. RM veranschlagt worden, also 2,3 Mrd. RM pro Jahr. Diese jährliche Summe entsprach fast einem Drittel des volkswirtschaftlichen Gesamtbauvolumens von 1940 in Höhe von 7 Mrd. RM[13]. Die sachlichen Konsequenzen von Hitlers Entscheidung zeigten sich in aller Deutlichkeit beim Personalbedarf: Theoretisch wurden nicht weniger als 225.000 Kräfte benötigt; bei rund 840.000 Arbeitern, die insgesamt in der Bauwirtschaft beschäftigt waren, eine kaum zu erreichende Zahl[14]. Da sich diese Versorgungsprobleme auch in den folgenden Monaten nicht lösen ließen, blieb das Programm weit hinter den Erwartungen zurück. Von den eigentlich vorgesehenen 2,3 Mrd. RM pro Jahr wurden lediglich 350 Millionen realisiert[15].

Es waren diese Defizite, die dazu führten, dass nur wenige der qualitativ besseren, aber auch kostenträchtigeren Bunker gebaut wurden, während der Schwerpunkt auf dem Ausbau von schon bestehenden Kellern zu Schutzräumen lag. In dieser Hinsicht kann sogar von einem relativen Erfolg des Programms gesprochen werden: Im November 1942 waren 17,67 Millionen Bewohner der erfassten Städte geschützt, was einem Anteil von 73,5 Prozent entsprach. Freilich konnten nur 0,7 Millionen Einwohner im Ernstfall in Bunkern untergebracht werden[16]. Die „Wirtschaftsfremdheit" charismatischer Herrschaft tritt am Beispiel des „Luftschutz-Führersofortprogramms" deutlich hervor: Seinen Ursprung hatte dieses in einem plötzlichen Entschluss Hitlers vom Herbst 1940, ohne in eine Gesamtplanung der im Zweiten Weltkrieg außerordentlich in Anspruch genommenen Bauwirtschaft integriert zu werden[17]. Es stieß im Prozess seiner Verwirklichung schnell an

---

[13] Vermerk, Rk 15919 B, 12.11.1942, in: BA Berlin, R 43 II/1294a, Bl. 145f. Gesamtvolumen der Bauindustrie nach Marie-Luise Recker, Staatliche Wohnungsbaupolitik im Zweiten Weltkrieg, in: Die Alte Stadt 5 (1978), S. 117 – 137, hier S. 118.
[14] Dies erklärt sich aus dem Abfall der Gesamtbeschäftigtenzahl in der Bauwirtschaft. Die Zahl der Bauarbeiter fiel von 843.564 (1940) auf 687.425 (1942), da aus allen drei Gruppen (Deutsche, Ausländer, Kriegsgefangene) Reserven in die Wehrmacht oder Rüstungsindustrie abgezogen wurden. Vgl. Recker, Wohnungsbaupolitik, S. 119.
[15] Vermerk, Rk 15919 B,12.11.1942, in: BA Berlin, R 43 II/1294a, Bl. 145f.
[16] Stand des Führerprogramms, 9.12.1942, in: BA-MA, RL 4/341, Bl. 113.
[17] Vgl. dazu Rolf-Dieter Müller, Albert Speer und die Rüstungspolitik, in: Bernhard R. Kröner/Rolf-Dieter Müller/Hans Umbreit, DRZW, Bd. 5: Organisation und Mobilisierung des deutschen Machtbereichs, 2. Teilband: Kriegsverwaltung, Wirtschaft und personelle Ressourcen, 1942 – 1944/45, Stuttgart 1999, S. 275 – 770, hier S. 448 – 455.

sachliche Grenzen und musste in der Praxis „zurechtgestutzt" werden. Diese Prioritätenverschiebung geschah mit Zustimmung des Diktators, aber ohne dass er den Dingen viel Aufmerksamkeit geschenkt hätte. Vielmehr waren es Todt, Milch und Knipfer, die diese Entscheidungen vorbereiteten und Hitler lediglich zur Bekräftigung vorlegten[18]. Zuweilen wurden auch Hitler und die ihn umgebenden Kanzleien übergangen: So war der Diktator im November 1942, nach einem Luftangriff auf München, überrascht zu erfahren, dass das von ihm angestoßene Programm mittlerweile nur noch in eingeschränktem Maße durchgeführt wurde. Erst eine Rückfrage bei der Luftwaffe ergab, dass der Baubeginn neuer Bunker bis auf Weiteres gestoppt worden sei, um die Arbeiten an den schon begonnenen Anlagen zügiger abschließen zu können. Diese Entscheidung war Hitler und den ihm zuarbeitenden Kanzleien Bormanns und Lammers offensichtlich entgangen. Zwar setzte Lammers umgehend das Programm in seiner ursprünglichen Form wieder in Gang[19]. Weitergehende Bemühungen, es besser zu organisieren und zu steuern, haben aber keinen Niederschlag in der Überlieferung gefunden. Dies kann als Hinweis für eine zunehmende polykratische Zersplitterung des Politikfeldes gelten: Hitlers Erlass brachte mit dem GB-Bau einen weiteren Machtfaktor ins Spiel, der die ohnehin schon unklaren Kompetenzteilungen weiter komplizierte.

Die Rolle von Goebbels im Luftschutz

Auch die nächste Phase in der Entwicklung des Luftschutzes wurde durch eine als krisenhaft empfundene Zuspitzung des Luftkriegs eingeleitet. Im Frühjahr 1942 war die Royal Air Force dazu übergegangen, Bevölkerungszentren auf deutschem Gebiet mit Brandbomben zu bombardieren und in zuvor nicht gekanntem Ausmaße Wohnraum und Besitzstand zu vernichten[20].

---

[18] Vgl. Foedrowitz, Bunkerwelten, S. 20. Vielfach nahmen die Gemeinden diesen Wechsel allerdings schon im Jahr 1941 vorweg. Vgl. Jörn Brinkhus, Auftragsverwaltung im Krieg, in: Sabine Mecking/Andreas Wirsching (Hrsg.), Stadtverwaltung im Nationalsozialismus. Systemstabilisierende Dimensionen kommunaler Herrschaft, Paderborn u.a. 2005, S. 215–242, hier S. 232f. Zur Rolle der Gemeinden im Luftschutz sei auf den Beitrag von Bernhard Gotto in diesem Band verwiesen.
[19] Brief von Bormann an Lammers, Bo/Ad, 7.11.1942, in: BA Berlin, R 43 II/1294a, Bl. 144; Vermerk, Rk 15919 B, 12.11.1942, in: Ebenda, Bl. 145; Lammers an Göring, Rk 15919 B, 12.11.1942, in: Ebenda, Bl. 146.
[20] Vgl. Rolf-Dieter Müller, Der Bombenkrieg 1939–1945, Berlin 2004, S. 117f.

Politisch zeitigte der erste Angriff mit dieser neuen Einsatztaktik, der die Hansestadt Lübeck getroffen hatte, weitreichende Folgen. Er konfrontierte das Regime mit seiner eigenen Unfähigkeit, eine schnelle und ausreichende Versorgung der betroffenen Bevölkerung zu gewährleisten. Zügig reagierte Hitler, der ungehalten über die nur schleppend angelaufenen Hilfsleistungen war. Er nahm dem Reichsministerium des Innern die Zuständigkeit für die Katastrophenhilfe ab und legte diese in die Hände von Propagandaminister Joseph Goebbels[21]. Dieser Vorgang illustriert Hitlers personalistischen Führungsstil: In einer Krise wurde ein persönlicher Gefolgsmann mit unbegrenzten Kompetenzen ausgestattet, um der heraufziehenden Probleme Herr zu werden. Goebbels und sein Staatssekretär Gutterer gingen die neue Aufgabe engagiert an. Freilich hatte der Propagandaminister noch mehr im Sinn. Ende April 1942 beanspruchte er gegenüber Gauleitern und Reichsstatthaltern nicht nur in Lübeck, sondern in allen Fällen die Gesamtkoordination der Hilfeleistungen zu übernehmen, in denen die lokalen Stellen überfordert waren. Das dahinter stehende Kalkül war offensichtlich. Goebbels solle, wie es sein Ministerium vorschlug, „kraft des Führerauftrags das Recht bekommen, in jedem Augenblick und an jeder Stelle in die Hilfsmaßnahmen einzugreifen, Auskünfte zu verlangen und in Form von verbindlichen Ersuchen Weisungen zu erteilen"[22]. Goebbels nutzte die günstige Situation und etablierte sich als neuer Akteur auf dem Politikfeld und verkomplizierte so die Situation weiter. Die Unübersichtlichkeit der Machtverhältnisse nahm zu, neue Konfliktlinien zeichneten sich ab. Der Propagandaminister war nach Kräften bemüht, Hitlers Einzelauftrag auf Dauer zu verstetigen. Allerdings konnte sich Goebbels mit seiner Forderung nicht durchsetzen, und der Aushandlungsprozess zwischen den beteiligten Ressorts blieb monatelang in der Schwebe. Dem zähen Ringen bereitete schließlich, nachdem der stellvertretende Gauleiter Düsseldorfs eine Zentralstelle für Hilfsmaßnahmen gefordert hatte, die Einrichtung des Interministeriellen Luftkriegsschädenausschusses (ILA) Anfang 1943 ein Ende. Goebbels stand diesem Gremium, dem Vertreter der wichtigsten Reichsbehörden angehörten, vor, während der ehemalige Duisburger Bürgermeister Theodor Ellgering als Geschäftsführer

---

[21] Vgl. zum dem ILA vorausgehenden Entscheidungsprozess Süß, Steuerung, in: Hachtmann/Süß (Hrsg.), Kommissare.
[22] Vermerk, R 1418/7.5.42/311-2,10, 7.5.1942, in: BA Berlin, NS 18/1333, Bl. 20 – 23, Zitat Bl. 22 f.

für die alltägliche Arbeit zuständig war[23]. Der „Führerauftrag" änderte also im Verhandlungsprozess der beteiligten Behörden seinen Inhalt: Goebbels Beauftragung fand im Vorsitz über eine interministerielle Stabsorganisation einen Platz im Machtgefüge des NS-Staats. Dem ILA wird retrospektiv ein erhebliches Maß an Effektivität bei der Koordination der Hilfsbemühungen zugeschrieben. Die abgeordneten Beamten verfügten über weitgehende Kompetenzen und einen direkten Zugang zu den Leitern ihrer Behörden; ebenso konnten sie schnell Nahrungsmittel und andere Hilfsgüter mit Hilfe von vorgehaltenen Zügen der Reichsbahn zu den Schadensorten transportieren lassen. Durch die enge Zusammenarbeit außerhalb der Berliner Ministerien bildete sich ein fester Zusammenhalt der ILA-Mitglieder heraus[24]. Ebenso wichtig dürfte allerdings sein, dass der Ausschuss Kompetenzstreitigkeiten ausdrücklich ausklammerte[25]. Er wurde kein Schlachtfeld von Ressortkonflikten und persönlichen Eitelkeiten, die häufig hinter den Kulissen des „Dritten Reichs" den Ausgang von politischen Entscheidungen bestimmten. Die Stellung des ILA im Herrschaftsgefüge des NS-Staates ist ambivalent zu bewerten. Einerseits ermöglichte er zumindest auf einem Sachgebiet, nämlich bei der Versorgung der Bevölkerung nach Luftangriffen, ein Zusammenwirken der unterschiedlichen Institutionen und Organisationen. Er band die widerstrebenden Kräfte zusammen, gestattete einen Austausch von Meinungen und Interessen und sorgte dafür, dass die latent vorhandenen Machtkonflikte nicht entbrannten. Kurzum: Er dämmte die negativen Auswirkungen der NS-Polykratie ein. Andererseits trug er aber zur dauerhaften Zersetzung der Führungsstrukturen des Luftschutzes bei, indem er Goebbels Position im Machtkonflikt mit anderen Instanzen stärkte.

Auch wenn sich auf Grund der lückenhaften Quellenlage nicht nachvollziehen lässt, inwieweit Goebbels sich in die Alltagsarbeit des ILA einschaltete, markierte seine Position den Anspruch, ad hoc in die Tätigkeit der reichsweit agierenden Verwaltungen zu intervenieren. Der Propagandaminister sah seine Rolle als Kritiker der Bürokratien und fand damit, seiner Einschätzung nach, bei

---

[23] Rundschreiben der Reichskanzlei, Rk 17561 D, 31.12.1942, in: Ebenda, R 2/30315, Bl. 1.
[24] So würdigt Hampe, Ziviler Luftschutz, S. 607–610, die Praxis des Ausschusses außerordentlich positiv.
[25] Vgl. beispielsweise Abschrift, Vermerk des RMI, 12.2.1944, in: BA Berlin, R 1501/3791.

Hitler und Milch Zuspruch[26]. Als der Luftangriff auf Kassel im Oktober 1943 abermals das Ungenügen des deutschen Luftschutzes zeigte, nutzte Goebbels diese Gelegenheit, um seine Macht zu erweitern. Denn dem Angriff folgten umfangreiche Ressortverhandlungen in Berlin um die Einsetzung einer Reichsinspektion der zivilen Luftkriegsmaßnahmen, die Luftschutzmaßnahmen in den unterschiedlichen Teilen des Reichs begutachten sollte. Weil die Partei-Kanzlei unter Martin Bormann gegen eine eigenständige Behörde mit Eingriffsrechten opponierte, wurde ein kompliziertes Bewertungsverfahren installiert: Die Mitglieder der Inspektion sollten die Gaue des Reichs besuchen und ihre Ergebnisse an Goebbels weitergeben, der sie mit Hitler besprach und dessen Entscheidungen den verschiedenen Organisationen des Luftschutzes mitteilte. Bormanns Kritik war nicht nur dem befürchteten eigenen Einflussverlust geschuldet, sondern hatte einen zutreffenden Kern. Denn in den ersten Monaten ihres Bestehens entwickelte sich die Reichsinspektion (im Unterschied zum ILA) zu einem Ort, in dem die dem NS-Staat inhärenten Konflikte offen ausgetragen wurden. Insbesondere blieb die Frage umstritten, welche Aussagen sich in den für Hitler vorgesehenen Berichten wiederfanden und Ausgangspunkt seiner Entscheidungen wurden. Allein die überlieferte Korrespondenz des Reichswirtschaftsministeriums mit dem Propagandaministerium belegt ständigen Streit um die Inhalte der Inspektionsberichte. Hinzu kam, dass Hitler zuweilen mit unwichtigen Dingen behelligt wurde, wie folgendes Beispiel illustriert: Die Empfehlung, für das Festspielhaus in Bayreuth Schutzgräben anzulegen, fand vermutlich nur auf Grund von Hitlers selbstgepflegtem Bild als Wagner-Verehrer Eingang in einem Inspektionsbericht[27]. Von einer unvor-

---

[26] Eintrag vom 25.11.1943, in: Die Tagebücher von Joseph Goebbels, Teil II: Diktate 1941 – 1945. Im Auftrag des Instituts für Zeitgeschichte und mit Unterstützung der Staatlichen Archivdienstes Rußlands hrsg. von Elke Fröhlich, 15 Bde., München u. a. 1993 ff., Bd. 10: Oktober – Dezember 1943, S. 354; Eintrag vom 15.4.1943, in: Ebenda, Bd. 8: April – Juni 1943, S. 106. Vgl. Boog, Strategischer Luftkrieg, in: Ders./Krebs/Vogel (Hrsg.), DRZW, Bd. 7, S. 213 f.

[27] So gab es heftige Auseinandersetzungen zwischen dem Reichswirtschaftsministerium und Goebbels' Behörde über die Frage, ob die Arbeit der Mittelinstanz des Reichswirtschaftsministeriums in Fürth im Bericht kritisiert werden sollte. In einem anderen Fall wies das Reichswirtschaftsministerium einen Vorschlag der Reichsinspektion zurück. Dieser wurde Hitler nicht mehr zu Gehör gebracht; vgl. Brief von Hayler an Berndt, II 1 R – 644/44 geh., 22.3.1944, in: BA Berlin, R 3101/10091, Bl. 11 f.; Brief von Berndt an Hayler, Pro LK 27/43g (1) 2580a, 9.3.1944, in: Ebenda, Bl. 16;

eingenommen und sachlich angemessenen Unterrichtung Hitlers kann also nicht die Rede sein; vielmehr ist die Reichsinspektion ein treffendes Beispiel für die dysfunktionalen Wirkungen der NS-Polykratie. Die ohnehin bestehenden Machtkonflikte wurden auch auf dem Gebiet des Luftschutzes ausgetragen und sorgten dafür, dass die Reichsinspektion nie darüber hinaus kam, den Informationsgehalt ihrer Berichte vom Ausgang der Auseinandersetzungen zwischen einzelnen Beteiligten abhängig zu machen.

Luftschutz im NS-Staat 1943/44

Goebbels war freilich nur ein Akteur innerhalb des polykratisch strukturierten Politikfeldes, dem es nicht gelang, die Streitigkeiten zu entschärfen und als Gravitationszentrum die auseinanderstrebenden Machtfaktoren zusammenzuhalten. So war es denn auch nur folgerichtig, dass der Propagandaminister, als er Anfang 1944 zu einer Sitzung über die Probleme des Luftkriegs einlud, eine Vielzahl von Konfliktlinien konstatierte, die ebenso kreuz und quer zwischen Staat und Partei wie zwischen verschiedenen NS-Organisationen verliefen sowie auch die staatliche Verwaltung durchsetzten[28]. Im vorletzten Kriegsjahr präsentierte sich der Luftschutz als ein Politikfeld, das organisatorisch extrem fragmentiert war und in dem Machtkonflikte zur Tagesordnung gehörten. Die Luftkriegs-Mitteilungen, in denen das Propagandaministerium Informationen über den Luftschutz an die unterschiedlichen Behörden in Berlin und die Gauleiter verbreitete, spiegeln die Zerfaserung des Politikfeldes wider[29]. Von den rund 180 bis zum März 1945 herausgegebenen Mitteilungen gaben mehr als die Hälfte Weisungen der verschiedenen Reichsbehörden wieder und offenbarten die Zersplitterung des Politikfeldes, statt dass sie dem Zuständigkeitswirrwarr eine koordinierte Steuerung gegenüberstellten. Ebenso wenig kam es zu einer inhaltlichen Bündelung der Vielzahl von Regelungen und Maßnahmen. Vieles stand

---

Vermerk, II 1 R/625/44 g.Rs., 22.3.1944, in: Ebenda, Bl. 99r; Entwurf einer Führerinformation über die Reichsinspektion zur Durchführung ziviler Luftkriegsmaßnahmen im Gau Bayreuth, 26./27.2.1944, in: Ebenda, Bl. 26r – 42r.
[28] Einladungsschreiben Goebbels', Pro Lk, 12.2.1944, in: Helmut Heiber (Bearb.), Akten der Partei-Kanzlei. Rekonstruktion eines verlorengegangenen Bestandes, München 1983 – 1992, Regest 45143 (II 378 – 380).
[29] Rundbrief des Reichsministerium für Volksaufklärung und Propaganda, Pro LK, 18.6.1943, in: BA Berlin, R 2/30315, Bl. 25.

unverbunden nebeneinander, zuweilen zirkulierten auch Detailregelungen von zweifelhaftem Wert beispielsweise über den Luftschutz in Freibädern[30]. Schließlich dokumentierten die Luftkriegs-Mitteilungen Hitlers Politikstil, insbesondere auch die Zusammenhangslosigkeit seiner Entscheidungen. Interventionen von erheblicher Reichweite wie beispielsweise der sukzessive Entzug von Gesundheitsleistungen für psychisch Kranke standen dabei neben Einzelproblemen von geringem Wert wie dem Einsatz von Omnibusfahrern im Luftkrieg[31]. Dies ist angesichts der durch die Reichsinspektion zur Verfügung gestellten Informationen nicht verwunderlich, allerdings lösten Hitlers Entscheidungen die Dysfunktionalitäten des Luftschutzes auch nicht auf, sondern perpetuierten die Probleme. Von einem kontinuierlichen Interesse des Diktators am Luftschutz kann also keine Rede sein, da seine Eingriffe zwischen Entscheidungen über Details mit zweifelhafter Wichtigkeit und Verschiebungen in der Machtbalance seiner Gefolgsleute hin und her schwankten. Gleichwohl emanzipierten sich die verschiedenen mit dem Luftschutz betrauten Stellen nicht von Hitler. Als im Mai 1943 Staatssekretäre verschiedener Ministerien im Innenressort über Probleme des Luftkriegs berieten, konnten sich die Ministerialbeamten offensichtlich nicht zu einem eigenständigen Entschluss durchringen. Stattdessen sollte in Fragen der Bewirtschaftung von Wohnraum über Bormann eine Entscheidung Hitlers eingeholt werden[32]. Beispielhaft zeigt sich hieran, dass das Neben- und Gegeneinander der NS-Polykratie auf Hitler bezogen blieb. Die zahlreichen Entscheidungsblockaden gaben dem Diktator immer wieder die Möglichkeit, durch eigene Entschlüsse die bisherigen Kompetenz- und Machtverteilungen durcheinander zu wirbeln.

Auch der letzte Einschnitt in der organisatorischen Entwicklung des Luftschutzes ging auf eine ad hoc-Entscheidung des Diktators zurück. Ende August 1944 ordnete Hitler überraschend die Auflösung der Luftwaffen-Inspektion 13 an. Es ist mehr als wahrscheinlich, dass Goebbels den Diktator zu dieser Entscheidung gedrängt hatte, da der Propagandaminister ihrem Leiter ableh-

---

[30] Die Luftkriegsmitteilungen sind überliefert in: Ebenda, R 2/24925. Beispiel: Mitteilung Nr. 136, 24.5.1944, in: Ebenda, Bl. 230f.
[31] Vgl. Süß, Steuerung, in: Hachtmann/Süß (Hrsg.), Kommissare, sowie Mitteilung Nr. 161, 16.8.1944, in: BA Berlin, R 2/24925, Bl. 268f.
[32] Bericht über eine Sitzung im RMI, Kr 3002 A – 927 V g, 31.5.1943, in: Ebenda, R 2/30315, Bl. 18 – 23.

nend gegenüber stand[33]. Faktisch lief Hitlers Entschluss auf eine Entmachtung des RLM hinaus. Die Zuständigkeit für die Luftschutz-Polizei und den Luftschutzwarndienst sollte komplett in den Bereich des Reichsführer-SS übergehen. Die „Führung" der Bevölkerung ging nun auch formal vom RLB auf die NSDAP über, während Speer den Luftschutz von Industrieanlagen übernahm. Dem Oberkommando der Luftwaffe blieb nur noch ein unverbindliches Inspektionsrecht[34]. Diese Entscheidung markierte den Endpunkt in der Entwicklung des Luftschutzes: Die Luftwaffe verlor ihre Federführung und das Politikfeld wurde von einer Vielzahl von Akteuren beherrscht, die unkoordiniert neben- und gegeneinander agierten. Der ILA als wichtiges Gremium der Zusammenarbeit blieb im Erlass unerwähnt und wurde nicht, wie es sinnvoll gewesen wäre, weiter ausgebaut.

Resümee

Während des Zweiten Weltkriegs erlebte das Politikfeld „Luftschutz" eine erhebliche Zersplitterung, die im wesentlichen auf den personalistischen, sprunghaften Führungsstil Hitlers zurückgeführt werden kann. Im Unterschied zu seinen zentralen Betätigungsfeldern wie etwa der Kriegführung beschränkte sich der Diktator auf sporadische Interventionen, die aber jedes Mal neue Akteure und Apparate einbezogen oder etablierten. Insbesondere Goebbels profitierte hiervon. Hitler reagierte damit kurzfristig auf – von ihm so wahrgenommene – Problemlagen des Luftkriegs und verschob die Machtarithmetik innerhalb des Politikfeldes. Zudem konnte sich der Luftschutz nicht von dem ihm umgebenden polykratischen Strukturen abschotten. Wie das „Luftschutz-Führersofortprogramm" zeigt, dehnten die Akteure wie beispielsweise der GB-Bau ihren Einfluss auch auf den Luftschutz aus. Einem ähnlichen Muster folgte die Einflussnahme der Partei. Als Querschnittsaufgabe bot der Luftschutz allen möglichen Akteuren Anlass und Möglichkeit, ihre Mitgestaltungs- und

---

[33] Eintrag vom 2.2.1944, in: Goebbels Tagebücher, Teil II, Bd. 11: Januar – März 1944, S. 221. Vgl. Horst Boog, Die Deutsche Luftwaffenführung 1935 – 1945. Führungsprobleme – Spitzengliederung – Generalstabsausbildung, Stuttgart 1982, S. 331.
[34] Sogar die Zuständigkeit für den Gasschutz wurde dem RLM genommen. Erlass des Führers über die Verteilung der Aufgaben auf dem Gebiet des Luftschutzes, Entwurf, in: Heiber (Bearb.), Akten der Partei-Kanzlei, Regest 45989 (47322-35). Hampe, Ziviler Luftschutz, S. 253 – 255, bestätigt dessen Inkrafttreten.

damit auch Machtansprüche zu artikulieren. Die Wechselwirkung dieses Politikfelds mit der umgebenden NS-Polykratie sorgte dafür, dass beim Luftschutz nach und nach jegliche organisatorische und inhaltliche Kohärenz verloren ging.

Bernhard Gotto
Kommunale Krisenbewältigung

Der Luftkrieg wurde von allen Seiten in erster Linie gegen die urbanen Zentren des Gegners geführt. Die immer massiveren Angriffe zielten auf die industriellen Grundlagen der Rüstungsproduktion, d. h. auf Logistikeinrichtungen, Fabrikationsanlagen und die Wohnstätten der dort beschäftigten Arbeitskräfte. Außerdem waren sie darauf gerichtet, den Durchhaltewillen und die Loyalität der Bevölkerung durch Zerstörung der Infrastruktur und den massenhaften Tod inmitten der Zivilbevölkerung entscheidend zu schwächen. Beide Ziele waren in den großen Städten am besten zu erreichen; sie waren daher die verwundbaren Stellen der „Heimatfront". Obwohl die NS-Propaganda die Bevölkerung schon frühzeitig mit dem Gedanken an mögliche Luftangriffe vertraut machte – so fanden in Kassel und Augsburg[1] noch im ersten Jahr der nationalsozialistischen Herrschaft simulierte Bombenangriffe statt[2] –, schenkten die Kommunalverwaltungen dem Thema Luftsicherheit bis zum Kriegsausbruch nur wenig Aufmerksamkeit. Zum einen waren sie mit weit drängenderen Problemen ausgelastet, zum anderen inszenierte die NS-Propaganda kein kohärentes Bedrohungsszenario, da sie aus außenpolitischer Rücksichtnahme die Friedfertigkeit des Regimes stärker betonte als seine Wehrhaftigkeit[3]. Erst nachdem die Bedrohung unmittelbar geworden war, gewannen die Vorsorge und die Planungen für den Fall eines Luftangriffs in den Rathäusern an Priorität. Allerdings waren die Rahmenbedingungen für eine wirksame Krisenprävention ausgesprochen ungünstig.

---

[1] Dieses Referat basiert auf den Ergebnissen meiner Dissertation „Nationalsozialistische Kommunalpolitik. Administrative Normalität und Systemstabilisierung durch die Augsburger Stadtverwaltung 1933–1945", München 2006. Wo nicht anders vermerkt, sind dort in den entsprechenden Kapiteln detaillierte Nachweise zu finden.
[2] Vgl. Wilhelm Frenz, NS-Wirtschaftspolitik und die soziale Lage der arbeitenden Bevölkerung (1933–1939), in: Ders./Jörg Kammler/Dietfrid Krause-Vilmar (Hrsg.), Volksgemeinschaft und Volksfeinde. Kassel 1933–1945, Bd. 2: Studien, Fuldabrück 1987, S. 255–290, hier S. 270f.; Neue Augsburger Zeitung, 4.8.1933.
[3] Vgl. Bernd Lemke, Luftschutz in Großbritannien und Deutschland 1923 bis 1939. Zivile Kriegsvorbereitungen als Ausdruck der staats- und gesellschaftspolitischen Grundlagen von Demokratie und Diktatur, München 2005, S. 322–330.

Ausgangssituation und Rahmenbedingungen

Alle Stadtverwaltungen mussten seit Kriegsbeginn immer mehr Leistungsträger abgeben und mit in der Regel schlechteren Ersatzleuten die Lücken auffüllen. Während die jüngeren Jahrgänge in die Wehrmacht eingezogen wurden, rief das Reich schon bald nach älteren, erfahrenen Verwaltungsfachleuten als Personal für die Besatzungsherrschaft. Auf diese Weise büßten die Großstädte zwischen einem Viertel und einem Drittel ihrer Stammkräfte ein, darunter ein überproportional hoher Anteil an der kommunalen Leistungselite. Zurück blieben in der Regel neben einer unabkömmlichen Rumpfmannschaft der Führungsspitze die älteren, weniger leistungsstarken und -fähigen Mitarbeiter. Ähnlich strukturiert war das schmale Reservoir, das der Arbeitsmarkt noch bot, um die Lücken aufzufüllen. In die Stadtverwaltungen strömten zum Teil völlig ungeeignete Kräfte, aber auch zahlreiche Frauen, die oftmals erstaunlich schnell die Ausfälle kompensieren konnten[4].

Mit diesem Personal bewältigten die Städte eine Fülle von neuen, komplizierten und umfangreichen Kriegsaufgaben. Die Organisation des Luftschutzes war nur ein Bereich neben vielen anderen: Enorme Ressourcen kostete die Lebensmittel- und Gebrauchsgüterbewirtschaftung oder die Abwicklung des Familienunterhalts. Dieses staatliche Unterstützungssystem für die Angehörigen der Wehrmachtssoldaten war das sozialpolitische Kernstück der „Heimatfront"[5]. Der wegen der zahllosen Detailregelungen anspruchsvolle Vollzug wurde als Auftragsverwaltung an die Kommunen delegiert. Diese errichteten in der Regel zwar ein neues Amt, konnten die umfangreiche Arbeit aber nur dadurch bewältigen, dass sie einen großen Teil des vorhandenen, professionell geschulten Fürsorgeapparates dafür einsetzten. Die mit den Kriegsaufgaben betrauten Ämter entwickelten sich rasch zu den größten Dienststellen der gesamten Behörde. Demgegenüber wurden die Friedensaufgaben drastisch eingeschränkt, bis hin zur Auflösung ganzer Abteilungen und Ämter. Die Stadtver-

---

[4] Vgl. als Beispiel für die Lösungsstrategien der kommunalen Personalämter Sabine Mecking, „Beamte mit sportgestähltem Körper, hellem Geist und einem soldatischen Herzen"? Städtische Personalpolitik während des Krieges in Münster, in: Dies./Andreas Wirsching (Hrsg.), Stadtverwaltung im Nationalsozialismus. Systemstabilisierende Dimensionen kommunaler Herrschaft, Paderborn u.a. 2005, S. 77 – 103.
[5] Vgl. dazu Birthe Kundrus, Kriegerfrauen. Familienpolitik und Geschlechterverhältnisse im Ersten und Zweiten Weltkrieg, Hamburg 1995.

waltungen bewältigten die gigantischen internen Verlagerungen weitgehend in Eigenregie. Das Potenzial an Arbeitskraft, das auf diese Weise geschaffen wurde, kam der Stabilität der „Heimatfront" und damit dem NS-Regime zugute. Die Selbstorganisationskräfte der Kommunalverwaltung trugen dazu weit mehr bei als die Auswirkungen der Vereinfachungserlasse, die das Ziel hatten, so viel Verwaltungspersonal wie möglich für den Kriegsdienst freizustellen. So wurden die Gemeinden zwar mit dem Erlass vom 28. August 1939 den Weisungen der Aufsichtsbehörden unterworfen, faktisch erweiterte sich ihr Spielraum jedoch noch, da die Landes- und Provinzialregierungen weder ein Interesse noch die Kapazitäten hatten, ihre erweiterten Kontrollbefugnisse wahrzunehmen. Entscheidend für den Erfolg der Katastrophenprävention und der Krisenbewältigung war der Zeitpunkt, an dem eine Stadt Opfer eines Luftangriffs wurde. Dabei sind zwei Entwicklungen wichtig: Erstens: Mit zunehmender Dauer des Krieges verschlechterte sich die ohnehin beschränkte Verfügbarkeit von Arbeitskräften, Transportkapazitäten, Baumaterial und Gebrauchsgütern aller Art dramatisch. Wer früh bombardiert wurde, hatte darum zunächst bessere Chancen, schnell und ausreichend versorgt zu werden. Allerdings erwies sich zweitens der Luftkrieg als Lehrmeister: Die schmerzlichen Erfahrungen mit Bombardements zahlreicher Städte verbesserten den Zivilschutz anderenorts. Beispielsweise berichteten die kommunalen Spitzenbeamten in Augsburg in den Chefbesprechungen mit dem Oberbürgermeister über die ersten schwereren Luftangriffe auf Rostock und Lübeck, lange bevor auch der Süden Deutschlands bombardiert wurde[6]. Erkenntnisse aus diesen Fällen flossen sofort in die Vorkehrungen der noch unversehrten Stadt ein. Daher waren diejenigen Städte zumeist besser vorbereitet, die erst relativ spät ins Visier der Alliierten gerieten.

Generell gilt, dass die Stadtverwaltungen weder auf die militärische Luftverteidigung noch auf den baulichen Luftschutz nennenswerten Einfluss nehmen konnten. Auf beiden Gebiete versagte der Zivilschutz im Deutschen Reich früh und eklatant. Selbst in

---

[6] Protokoll der Referentenbesprechung, 1.7.1942, in: Stadtarchiv Augsburg (künftig: StdAA), 49/70. Rostock wurde in der Zeit vom 23. bis zum 27.4.1942 in einer Serie von Angriffen schwer zerstört. Einen Monat zuvor hatte die britische Luftwaffe in der Nacht vom 28. auf den 29.3.1942 mehrere Viertel der Lübecker Innenstadt in Schutt und Asche gelegt und damit erstmals planmäßig eine Altstadt durch Flächenbombardement vernichtet; vgl. die Schilderung bei Olaf Groehler, Bombenkrieg gegen Deutschland, Berlin 1990, S. 36–59.

den 76 Städten, die zu „Luftschutzorten 1. Ordnung" erklärt worden waren, boten die vorhandenen Bunker 1943 nur 3,8 Prozent der dort lebenden Bevölkerung Schutz, während immerhin 60 Prozent in splitterschutzsicheren Räumen Zuflucht fanden[7]. Von Stadt zu Stadt gab es erhebliche Abweichungen: Während in Münster für 7 – 10 Prozent der Bevölkerung Plätze in bombensicheren Bunkern zur Verfügung standen, waren es in Dortmund nur 1,4 Prozent[8]. Da etwa zur gleichen Zeit die Störungstechnik der Alliierten derart wirksame Fortschritte machte, dass anstelle gezielter Schüsse nur noch massives Sperrfeuer möglich war, und weil die Bomber zudem fast immer außer Reichweite der deutschen Flugabwehr-Kanonen flogen, waren die Städte den alliierten Luftangriffen nahezu schutzlos ausgesetzt.

Aufgaben und Instrumente der Katastrophenvorsorge

In fast allen Städten entstanden kurz nach Kriegsausbruch neue Koordinationsorgane, zuweilen als Ämter, manchmal auch nur in Form von Stäben, die den Katastrophenschutz organisieren sollten. Diese Gremien arbeiteten eng mit den örtlichen Parteidienststellen zusammen. Leipzig bündelte sämtliche Kriegsaufgaben in einem Dezernat, dem der Luftschutz, Wehrmachtsangelegenheiten, das Wirtschafts- und Ernährungsamt, die Feuerschutzpolizei, das Fürsorgeamt sowie die Abteilung für Familienunterhalt unterstellt waren[9]. Das Nürnberger „Kriegskommissariat" trat täglich zusammen, um schwebende Fragen zu erörtern und Weisungen von Oberbürgermeister Willy Liebel entgegenzunehmen[10]. In Augsburg bildete der Oberbürgermeister ein Referat „Reichsverteidigung", einen Führungsstab und mehrere Einsatzstäbe, die mit abgestuften Weisungskompetenzen und Aufgaben-

---

[7] Horst Boog, Strategischer Luftkrieg in Europa und Reichsverteidigung 1943 – 1944, in: Ders./Gerhard Krebs/Detlef Vogel, Das Deutsche Reich und der Zweite Weltkrieg, Bd. 7: Das Deutsche Reich in der Defensive. Strategischer Luftkrieg in Europa, Krieg im Westen und in Ostasien 1943 – 1944/45, Stuttgart 2001, S. 3 – 415, hier S. 213. Vgl. dazu auch Lemke, Luftschutz, S. 286f.
[8] Vgl. Jörn Brinkhus, Auftragsverwaltung der Gemeinden im Krieg. Das Beispiel westfälischer Kommunen, in: Mecking/Wirsching (Hrsg.), Stadtverwaltung, S. 215 – 242, hier S. 233.
[9] Vgl. Ulrich Heß, Leipzig – eine Großstadt im Zweiten Weltkrieg, in: Marlis Buchholz u.a. (Hrsg.), Nationalsozialismus und Region. Festschrift für Herbert Obenaus zum 65. Geburtstag, Bielefeld 1996, S. 215 – 226, hier S. 218.
[10] Fränkischer Kurier, 23.9.1939.

zuschnitten sowohl die vorbeugenden Maßnahmen als auch die unmittelbar nach einem Luftangriff anlaufende Katastrophenbewältigung zu leisten hatten.
Seit 1939 besaßen die neuen Kriegsämter – in erster Linie Ernährungsamt, Wirtschaftsamt und Amt für Familienunterhalt – in größeren Städten einen dezentralisierten Unterbau, d.h. gemeinsame Außenstellen, die jeweils für 10 – 20.000 Einwohner zuständig waren. Für die Einwohner brachten diese Vorläufer heutiger Bürgerämter einen Zuwachs an Bequemlichkeit, denn man musste nicht so weit laufen und konnte mehrere der seit Kriegsausbruch in immer größerer Zahl erforderlichen Amtsgeschäfte auf einmal erledigen. Um die Stimmung der Bevölkerung nicht zu trüben, wurden die in diesen Außenstellen eingesetzten Mitarbeiter dazu angehalten, sich gegenüber den „Volksgenossen" in einer Weise zu verhalten, die man heute mit „Dienstleistermentalität" umschreiben könnte, nämlich höflich, zuvorkommend und verständnisvoll. Gleichzeitig reduzierten die Kommunalverwaltungen dadurch ihren Personal- und Verwaltungsaufwand. Innerhalb dieser Struktur nahmen fast überall nach einem Luftangriff auch die Kriegsschädenämter ihre Tätigkeit auf. Organisatorisch ging aus diesem Grund in der Regel alles recht rasch: Die Menschen wussten, an wen sie sich wenden konnten; ihre Anträge wurden in verhältnismäßig kurzer Zeit bearbeitet. Ein weiterer Vorteil bestand darin, dass die Zuständigkeitsbereiche der Außenstellen oft mit der Gebietseinteilung der NSDAP-Ortsgruppen abgestimmt waren. Diese Übereinstimmung erleichterte eine funktionale Verzahnung und Kooperation mit den Parteidienststellen ganz erheblich. In der Praxis halfen etwa zahlreiche Parteiformationen dabei, Bezugsscheine auszugeben oder Antragsformulare entgegenzunehmen[11].

Um der Personalprobleme Herr zu werden, griffen die Stadtverwaltungen zu unkonventionellen Lösungen. In Augsburg konnten leitende Stellen nicht mehr aus den Reihen des Verwaltungspersonals besetzt werden, weil zu viele der dafür qualifizierten Beamten einberufen worden waren. Um dennoch alle Verwaltungsdienstleistungen anbieten zu können, wurde eine Minderjährige als Abteilungsleiterin im Kriegsschädenamt eingesetzt, in dem auf der Basis von Werkverträgen drei Rechtsanwälte

---

[11] Vgl. zum Beispiel Johanna Lison, Im Krieg von zentraler Bedeutung: Das Wirtschafts- und Ernährungsamt, in: Schreibtischtäter? Einblicke in die Stadtverwaltung Hannover 1933 bis 1945, bearb. von Wolf-Dieter Mechler und Hans-Dieter Schmid, Hannover 2000, S. 47 – 50, hier S. 48.

arbeiteten[12]. Auch bei weniger anspruchsvollen Aufgaben musste der Personalchef improvisieren, weil ihm die Leute fehlten. Um nachts genügend Brandwachen aufstellen zu können, schoben im so genannten „Erweiterten Selbstschutz" selbst die Putzfrauen Dienst. Mit derartigen Provisorien behalfen sich die Kommunalverwaltungen in ganz Deutschland, und sie taten es noch nicht einmal schlecht. Die Professionalität der Verwaltungsarbeit ließ dadurch zwar nach, ein erheblicher Teil der dringend benötigten Dienstleistungen konnte aber doch auf einem immer noch befriedigenden Niveau aufrechterhalten werden.

Nicht nur an diesem Beispiel lässt sich zeigen, dass sich die Städte und Gemeinden verhältnismäßig rasch und gut auf die Anforderungen der Kriegsverwaltung einstellten. Sie kamen auch mit dem schnell spürbaren Mangel an Lebensmitteln und Gebrauchsgütern zurecht. Dabei setzten sie auf bürokratische Instrumentarien wie z. B. örtliche Sonderregelungen für die Bewirtschaftung von Mangelwaren. Charakteristisch waren auch die vielerorts gemeinsam von Stadtverwaltung und Parteigliederungen organisierten Tausch- und Reparatureinrichtungen z.B. für Schuhe und Kleidung. Die Stadt stellte Lagerräume zur Verfügung und übernahm die Verwaltung, während die praktische Arbeit entweder von ehrenamtlichen Kräften oder der NS-Frauenschaft geleistet wurde. So existierten in Augsburg ab 1940 eine Schuhaustauschstelle für Kinder, eine Schuhkaufstelle mit Reparaturwerkstätte für minderbemittelte Erwachsene und eine Kinderwäschetauschstelle mit angeschlossener Nähwerkstatt, die allesamt auf regen Zuspruch stießen[13]. Ähnliche Einrichtungen bestanden beispielsweise in Essen, Halle, Köln und Stuttgart. Die dortige Stadtverwaltung erweiterte 1943 ihre Servicestelle zur „Tauschzentrale Stuttgart", in der neben Schuhen auch zahlreiche andere Gebrauchsgegenstände eingetauscht werden konnten. Solche früh etablierten Behelfsmaßnahmen konnten den Mangel zwar nicht beheben, aber die praktischen Folgen erträglicher gestalten. Sie hinterließen in der Bevölkerung, die seit den Sammelaktionen des Vierjahresplans für Altmetall, Knochen und Lumpen mit dem Verwerten von „Volksgut" vertraut gemacht worden war, einen Gewöhnungseffekt. Die Tauschbörsen und Wieder-

---

[12] Organisationsplan des Kriegsschädenamtes Augsburg, 11.9.1944, in: StdAA, 49/31.
[13] Protokoll der Referentenbesprechung vom 10.4.1940, in: StdAA, 49/70; Ansprache des 2. Bürgermeisters Matthias Kellner zum Jahresschlussappell am 31.12.1942, S. 6, in: StdAA, 49/226.

verwertungseinrichtungen erwiesen sich auch aus diesem Grund als effiziente Instrumente, die nach einem Luftangriff oft noch erweitert wurden und allgemeine Akzeptanz fanden. Ein empfindliches und zentrales Problem stellte die Aufgabenabgrenzung der zahlreichen Stellen dar, die mit Katastrophenschutz befasst waren: Partei (hier vor allem der Gauleiter als Reichsverteidigungskommissar), Polizei bzw. Örtlicher Luftschutzleiter[14], Feuerwehr und Wehrmacht. Der Oberbürgermeister hatte oft als „Leiter der Sofortmaßnahmen" die undankbare Aufgabe, diese machtbewussten Instanzen zu koordinieren. Das Grobschema glich sich in fast allen Städten: bis zur so genannten „Auffangstelle"[15] sollte die Polizei die Menschen im Katastrophenfall betreuen, in der Auffangstelle wurden sie von der Partei versorgt, ab da war die Stadtverwaltung zuständig[16]. Diese Abgrenzung hatte den Effekt, dass die Menschen die ersten Wohltaten wie warmes Essen und Kleidung von der NSV erhielten (die nicht selten auf Bestände und Einrichtungen zurückgriff, die die Stadtverwaltung organisiert, bereitgestellt oder bezahlt hatte), während die weitaus schwierigeren und langfristigeren Aufgaben an der Stadt hängen blieben. Obwohl die Abgrenzung der Zuständigkeiten nirgendwo glatt vonstatten ging, so intensivierte sich unter dem Druck der drohenden Gefahr die Kooperation zwischen den verschiedenen Trägern der Staatsgewalt doch beträchtlich. Kommunalverwaltung, Parteidienststellen und Polizeiapparat vernetzten ihre Aktivitäten und gingen die Krisenprävention als arbeitsteiliges Großprojekt an.

---

[14] In der Regel bekleidete der Polizeipräsident dieses Amt; es bündelte zahlreiche Kompetenzen im Luftschutz.
[15] Als Auffangstellen wurden für den Fall eines Luftangriffes öffentliche Räume wie z. B. Turnhallen, aber auch Gaststätten oder Vereinshäuser bestimmt, d.h. sie galten im Katastrophenfall automatisch als beschlagnahmt. Hier wurden Decken, Kleidung, Nahrungsmittel, Kochgelegenheiten, Kerzen usw. bereitgehalten, um die nach einem Luftangriff auf die Straße geflohenen Menschen mit dem Notwendigsten zu versorgen.
[16] Vgl. z. B. Rundschreiben des Stuttgarter Oberbürgermeisters Karl Strölin, 14.3.1941, abgedruckt in: Dokumente deutscher Kriegsschäden, hrsg. vom Bundesminister für Vertriebene, Flüchtlinge und Kriegsgeschädigte, Bd. II/1: Soziale und rechtliche Hilfsmaßnahmen für die luftkriegsbetroffene Bevölkerung bis zur Währungsreform, Bonn 1960, S. 33 – 36; Martin Rüther (Bearb.), Köln, 31. Mai 1942: Der 1000-Bomber-Angriff, hrsg. vom NS-Dokumentationszentrum der Stadt Köln in Verbindung mit dem Verein El-De-Haus, Köln 1992, S. 76; Wilfried Beer, Kriegsalltag an der Heimatfront. Alliierter Luftkrieg und deutsche Gegenmaßnahmen zur Abwehr und Schadensbegrenzung, dargestellt für den Raum Münster, Bremen 1990, S. 48 u. 59f.

Es gab für jede Institution auf ihrem Feld reichlich zu tun. Alle größeren Städte stellten detaillierte Notfallpläne auf: Gebäude für Auffangstellen wurden requiriert, Särge und Strohsäcke bereit gehalten, der Abtransport von Möbeln und Hausgerät vorbereitet, die Krankenhäuser dezentralisiert, Lebensmittellager und Löschwasserteiche angelegt, Sonderbezugskarten für Luftkriegsgeschädigte vorbereitet, Gaststätten verpflichtet, in den ersten Tagen nach einem Angriff als öffentliche Verpflegungsstation zu fungieren, besondere Außenstellen der Kriegsverwaltungsämter an den großen Ausfallstraßen angelegt, die sich um die aus der Stadt Fliehenden kümmern sollten – insgesamt eine kaum überschaubare Menge an organisatorischen Einzelheiten. Auch wenn sich die oft dicken Konvolute mit Verhaltensmaßnahmen und Einzelbestimmungen heute wie ein Denkmal der Bürokratie ausnehmen, ist nicht zu verkennen, dass sich der Katastrophenschutz mit der Zeit substanziell verbesserte. Dies ist in erster Linie auf den unablässigen Input zurückzuführen, den die Städte erhielten. Die Städte waren Teil eines dichten Kommunikationsnetzes und empfingen ständig Anregungen, Erfahrungsberichte und Evaluationen aus denjenigen Städten, deren Vorkehrungen bereits dem Ernstfall hatten standhalten müssen[17]. Der Deutsche Gemeindetag (DGT) verschickte ab 1942 Bulletins, die so genannten „Sondermitteilungen über Maßnahmen der Gemeindeverwaltungen während und nach Fliegerangriffen". Ebenfalls unter dem Dach des DGT trafen sich regelmäßig die Oberbürgermeister, eingeteilt nach Größenklassen der Städte, um im „Kriegsgremium" ihre Erfahrungen auszutauschen. Unterhalb dieser Ebene trafen sich Arbeitsgruppen der zuständigen Referenten verschiedener Städte, und daneben existierten die etablierten Formen der interkommunalen Konsultation fort, die sich seit langem für alle möglichen Verwaltungsfragen eingespielt hatte.

Diese Form der Anpassung hatte zwei entscheidende Vorteile: Erstens wirkten die oft katastrophalen Auswirkungen der Luftangriffe wie ein grausamer Selektionsmechanismus, der schnell die effektiven von den überflüssigen Maßnahmen zu unterscheiden lehrte. Noch zwei Wochen bevor Augsburg selbst in Schutt und Asche gelegt wurde, hatte der Oberbürgermeister auf einer Tagung einen Vortrag des Hamburger Regierenden Bürgermeisters Carl Vincent Krogmann über den verheerenden

---

[17] Beispiele dafür bei Brinkhus, Auftragsverwaltung, in: Mecking/Wirsching (Hrsg.), Stadtverwaltung, S. 219f.

Luftangriff auf die Hansestadt gehört[18]. Der Örtliche Luftschutzleiter war sogar eigens nach Hamburg gereist, um die Ursachen, Wirkungen und Bekämpfungsmöglichkeiten bei Feuerstürmen vor Ort zu studieren[19]. Aus den so gewonnenen Informationen zogen die Augsburger Verantwortlichen Konsequenzen, die einen Feuersturm in der schwäbischen Gauhauptstadt verhinderten, als diese wenig später zu weiten Teilen zerstört wurde. In der Bombennacht wurden nämlich alle verfügbaren Löschgruppen zunächst in der engen, gefährdeten Altstadt konzentriert, so dass sich dort kein unkontrollierbarer Flächenbrand entwickelte.

Auch die Verwaltungen selbst bereiteten sich intensiv vor: Einsatzpläne regelten höchst detailliert, wer was zu tun hatte, das Personal wurde planmäßig geschult, die wichtigsten Akten und Materialien wurden Abend für Abend feuersicher untergebracht, ein Reihendienst sorgte für Alarmbereitschaft rund um die Uhr. Instandsetzungstrupps waren aufgestellt, die die lebenswichtigen Versorgungseinrichtungen der Kommunen nach einem Angriff so schnell wie möglich wieder in Gang setzen sollten. Der Augsburger Oberbürgermeister fasste 1943 alle Richtlinien und Bestimmungen, die er bis dahin erlassen hatte, zur „Sonderanweisung über den Einsatz der Stadtverwaltung im Falle eines Luftangriffs"[20] zusammen. Jeder Beamte und jeder Angestellte erhielt ein Exemplar. Die Amtsvorstände waren verpflichtet, sie einmal im Monat beim Betriebsappell zu verlesen und durchzusprechen[21]. Für seinen engsten Stab und sich selbst richtete er eine Kommandozentrale ein, die in einem Bunker untergebracht und mit direkten Kommunkationsverbindungen zu den wichtigsten städtischen Amtsstellen, außerdem zu den örtlichen Befehlsstellen der Gauleitung, Kreisleitung, Polizei, Örtlichem Luftschutzleiter und Feuerwehr ausgestattet war. Dieses Beispiel zeigt, dass die Städte organisatorisch durchaus auf der Höhe ihrer Anforderungen waren. Doch inwiefern sich ein massiver Luftangriff allein mit durchdachter Planung und akribischer, bürokratischer Vorbereitung meistern lassen würde, stand auf einem anderen Blatt.

---

[18] Carl Vincent Krogmann, „Die Aufgaben des Oberbürgermeisters nach einem Großangriff", in: Bundesarchiv Berlin (künftig: BA Berlin), R 1501/1523.
[19] Vgl. Leserbrief Karl Stäb (o.D.) [Februar 1950], in: StdAA, DOK 812.
[20] Sonderanweisung über den Einsatz der Stadtverwaltung im Falle eines Luftangriffs, 20.10.1943, in: StdAA, 32/159.
[21] Rundschreiben Mayr, 19.10.1943, in: Ebenda.

Krisenbewältigung

Bei einem größeren Luftangriff wurden in der Regel alle Einsatzpläne über den Haufen geworfen: Trotz intensiver Vorbereitungen herrschte zunächst Chaos. Der Grund dafür lag in der Wucht der Angriffe einerseits und dem Trugschluss der Verantwortlichen andererseits, ihrer allein mit Mitteln der Organisation Herr werden zu können. Welche Ressourcen standen den Kommunalverwaltungen zur Verfügung, um Katastrophenhilfe zu leisten? Die wirksamste Hilfe kam aus der unmittelbaren Umgebung: „Nachbarschaftshilfe" anderer Städte und Gemeinden war zumeist schnell, unbürokratisch und verhältnismäßig großzügig. Aus den umliegenden Orten halfen zunächst die Feuerwehren, aber auch Nahrungsmittel, Büromaterial, Einsatzkräfte und Fahrzeuge wurden bereitgestellt, beispielsweise im Juni 1942 vom benachbarten Bonn ins schwer getroffene Köln[22]. Dahinter stand neben dem Motiv der nachbarschaftlichen Solidarität auch die Sorge, selbst einmal nach einem Angriff auf umfassende Hilfe angewiesen zu sein. Die zentralen Hilfsmittel reichten dazu bei weitem nicht aus, denn das Reich bot eine zwar rasch eintreffende, aber noch rascher wieder verpuffende Sonderversorgung. Diese bestand vor allem aus Nahrungs- und Genussmitteln sowie Gegenständen des täglichen Bedarfs wie Zahnbürsten, Töpfen und Decken. Allerdings dienten die Lastwagenkolonnen der von Goebbels als Leiter des „Interministeriellen Luftkriegsschädenausschusses" koordinierten Reichshilfe mehr dazu, den Durchhaltewillen der Bevölkerung nach einem Luftangriff aufrechtzuerhalten, sie war nur als kurzfristige Intervention gedacht. Da auch die Landeswirtschafts- und Landesernährungsämter sowie die mit Großküchen ausgestattete NSV in der Regel taten, was sie konnten, um nach einem Angriff die elementarsten Grundbedürfnisse der Bevölkerung zu befriedigen, herrschte nach einem Angriff zwar Elend, aber selten Hunger. Hinter dieser Konzentration auf kurzfristig lindernde Maßnahmen stand ein stimmungspolitisches Kalkül der Verantwortlichen, das der Hamburger Bürgermeister zynisch auf den Punkt brachte: „Wenn nach dem Schrecken der Nacht der Volksgenosse ein Stück Brot mit Butter und einer dicken Scheibe Wurst in Händen hält und dazu eine Tasse Kaffee oder einen Teller mit

---

[22] Vgl. Brinkhus, Auftragsverwaltung, in: Mecking/Wirsching (Hrsg.), Stadtverwaltung, S. 235.

Erbsensuppe, dann sieht die Welt gleich wieder viel rosiger aus."[23]
Weniger effektiv verlief der Reichseinsatz von Arbeitskräften: Fast immer kamen zu wenig Arbeitskräfte und fast immer verließen sie den Unglücksort zu früh. Auch der von den Gauwirtschaftskammern koordinierte Gaueinsatz von Handwerkern reichte nicht aus, um die immensen Sachschäden reparieren zu können. Die wenigen Arbeitskräfte, die überhaupt noch in der Region vorhanden waren, hatten nach der eindeutigen Prioritätenliste des Reiches zunächst die Produktionsanlagen der Rüstungsindustrie wieder betriebsbereit zu machen. Dagegen standen die städtische Infrastruktur, die Interessen des nicht kriegswichtigen Kleingewerbes und der Bürger zurück. Doch allein das Ausmaß der Sachschäden überstieg die zur Verfügung stehenden Ressourcen in jeder Hinsicht, egal ob Arbeitskräfte oder Bau- und Instandsetzungsmaterial. Der Augsburger Oberbürgermeister Mayr rechnete seinem Gauleiter 1944 vor, dass er acht Monate lang 10.000 Arbeitskräfte brauchen würde, um nur die kleinen und mittleren Schäden in der Gauhauptstadt zu beheben[24].

Doch nicht nur spezialisierte Fachkräfte waren gefragt, in noch größerem Umfang fehlten Leute, um die Schuttmassen zu beseitigen, Bombentrichter aufzufüllen und ähnliche einfache körperliche Arbeiten auszuführen. Die Städte forderten massiv Zwangsarbeiter als Arbeitskräfte an, die vor allem die „Drecksarbeit" erledigten: Blindgänger entschärfen, Leichen bergen, Schutt räumen. Die SS stellte zu diesem Zweck ab 1942 drei Baubrigaden zur Verfügung, die sich aus KZ-Häftlingen zusammensetzten. Ob eine Stadt dabei zum Zuge kam und in welchem Umfang, hing nicht nur vom Ausmaß der Zerstörungen ab, sondern auch vom Verhandlungsgeschick der Verantwortlichen. Wo sich ein hoher NS-Funktionär hinter die Forderungen einer Stadt stellte, hatte die Lobbyarbeit gute Chancen. Allerdings schwankte die Mannschaftsstärke der KZ-Häftlingskommandos stark, da sie unter mörderischen Bedingungen arbeiten mussten und eine jederzeit abrufbare Arbeitskraftreserve für das ganze Reich darstellten. Die drei SS-Baubrigaden wurden unter anderem in Bremen, Osnabrück, Wilhelmshaven, Aachen, Köln, Düsseldorf, Duisburg, Dortmund, Bochum und Essen eingesetzt[25]. Die Städte hatten

---

[23] Carl Vincent Krogmann, „Die Aufgaben des Oberbürgermeisters nach einem Großangriff", S. 7, in: BA Berlin, R 1501/1523.
[24] Mayr an Wahl, 5. 4. 1944, in: StdAA, 32/147.
[25] Karola Fings, Krieg, Gesellschaft und KZ: Himmlers SS-Baubrigaden, Paderborn u. a. 2005, S. 58 – 68 u. 84 – 98.

dabei die Federführung in der konkreten Einsatzplanung und beteiligten sich an der Lagerverwaltung.

Die Zwangsarbeiter waren indes nicht die einzige Opfergruppe, an deren Ausbeutung sich die Städte im Bombenkrieg massiv beteiligten. Weil auf dem zivilen Sektor fast nichts mehr produziert wurde, konnte nicht einfach etwas Neues angeschafft werden, um das vernichtete Hausinventar der Bevölkerung zu ersetzen. Die Stadtverwaltungen griffen darum verstärkt auf Wohnraum, Möbel und Besitzgegenstände der zur Emigration gezwungenen und deportierten Juden zurück[26]. Die Augsburger Stadtverwaltung kaufte vom Finanzamt Möbel aus „nicht-arischem Besitz", die an die Ausgebombten verteilt wurden[27]. In Münster erhielt die Stadtverwaltung von Gestapo und Gauleitung sogar den Auftrag, den Besitz der deportierten Juden zu verwerten, d.h. in erster Linie unter die Bombengeschädigten zu verteilen[28]. Dagegen engagierte sich die Kölner Stadtverwaltung offenbar weniger stark bei der „Verwertung" der zurückgelassenen Habe der Juden. In der Domstadt versteigerten zunächst die Finanzbehörden die Möbel von aus ganz Deutschland sowie den Beneluxstaaten emigrierten und deportierten Juden, ehe Gauleiter Josef Grohé die Zuständigkeit für die Verteilung an die Bombengeschädigten an sich riss[29].

Doch obwohl die Städte ohne Skrupel die Arbeitskraft von Zwangsarbeitern und KZ-Häftlingen ausnutzten und die Beute der „Entjudungen" einsetzten, ließen sich die Schäden nur kurzfristig und notdürftig ausbessern. An eine Wiederherstellung der Substanz war gar nicht erst zu denken. Dennoch konnte die kommunale Infrastruktur lange Zeit ziemlich rasch wieder auf ein notdürftiges Versorgungsmaß gebracht werden, obwohl das Leistungsvermögen der Städte insbesondere beim Transportwesen auf schier unüberwindliche Grenzen stieß. LKWs und Benzin waren rar, Reifen und Ersatzteile waren ebenfalls kaum mehr zu bekommen. Darum wurden in zahlreichen Großstädten Straßenbahnen zum Gütertransport und Pferde als Zugtiere eingesetzt. Die Städte boten das Letzte auf und dokumentierten damit ihren

---

[26] Vgl. dazu Wolf Gruner, Der Deutsche Gemeindetag und die Koordinierung antijüdischer Kommunalpolitik. Zum Marktverbot für jüdische Händler und zur „Verwertung" jüdischen Eigentums, in: Archiv für Kommunalwissenschaften 37 (1998), S. 261 – 291.
[27] Der Leiter des Wohlfahrtsamtes an Referat 1, 28.5.1943, in: StdAA, 32/141.
[28] Vgl. Beer, Kriegsalltag, S. 157.
[29] Vgl. Rüther (Bearb.), 1000-Bomber-Angriff, S. 94 – 99.

verzweifelten Durchhaltewillen ebenso wie die totale Erschöpfung ihrer Möglichkeiten.
Im Westen Deutschlands brachte die „Battle of the Ruhr" Mitte 1943 die Stadtverwaltungen ans Ende ihrer Leistungsfähigkeit. Der Essener Stadtkämmerer schrieb in einem Monatsbericht für April 1943: „Die Verwaltung ist mit dem, was man so nennen kann, am Ende. Wir wurschteln, und zwar sowohl mit unzureichendem und unzulänglichem Personal als auch sachlich, da letzten Endes sehr häufig nach einem langen mühevollen Weg auch dem Obdachlosen gesagt werden muss, dass seine Wünsche nicht erfüllt werden können."[30] Was vorher noch leidlich funktioniert hatte, brach ab der zweiten Jahreshälfte 1944 auch in den Teilen des Reichs zusammen, die zuvor noch glimpflich davon gekommen waren. Aus Einschränkungen und Mangel wurde nackte Not. Die Wirtschaftsämter hatten nichts mehr zu verteilen, die Stadtverwaltungen appellierten an die Bevölkerung, das Wenige noch Vorhandene zu teilen. Nicht wenige Städte vollzogen den letzten Schritt der totalen Daseinsfürsorge und bauten selbst Kartoffeln, Obst und Gemüse an. Gas und Strom wurde rationiert, wegen der unterbrochenen Transportwege blieben Kohlelieferungen aus. Da die Augsburger Stadtverwaltung nichts mehr tun konnte, um das dringend benötigte Heizmaterial von den weit entfernten Revieren herbeizuholen, ließ sie aus Solidarität mit der frierenden Bevölkerung ihre Büroräume ungeheizt[31].
Doch diese Geste nutzte nichts. Während der Problemdruck rasant anstieg, ließ die Loyalität nach: Freiwillige Aushilfen erschienen nicht mehr, die eigenen Leute befolgten die Anweisungen der Vorgesetzten nicht. Verzweifelt setzten die NS-Stadtoberhäupter dieser Entwicklung massive Durchhaltepropaganda entgegen – und beteiligten sich nicht selten an Planungen, ihre Stadt vor einem sinnlosen Verteidigungsendkampf oder der Sprengung von Brücken sowie Versorgungs- und Industrieanlagen zu bewahren. Das Handlungsmuster bei der Mehrzahl der Verantwortlichen in der Kommunalverwaltung zielte darauf ab, die letzten Tage der NS-Herrschaft zu überdauern, ohne die Zerstörungsbefehle aus Hitlers Untergangsszenarien in die Tat

---

[30] Zitiert nach: Ralf Blank, Albert Hoffmann als Reichsverteidigungskommissar im Gau Westfalen-Süd, 1943 – 1945, in: Wolf Gruner/Armin Nolzen (Hrsg.) Bürokratien. Initiative und Effizienz (Beiträge zur Geschichte des Nationalsozialismus, Bd. 17), Göttingen 2001, S. 189 – 210, hier S. 193.
[31] Rundschreiben Mayr, 29.12.1944, in: StdAA, 49/226.

umzusetzen oder das ihnen anvertraute Gemeinwesen in einen vermeintlichen Heldentod hineinzupeitschen. Eine derartige Einstellung stellte für NS-Verwaltungseliten keinen vollständigen Bruch ihres Selbstverständnisses dar, denn sie entsprach den auf Stabilität und Kontinuität angelegten inneren Strukturen der öffentlichen Verwaltung, die nicht sinnlos Menschenleben und kommunale Substanz opfern wollte. Zahlreiche NS-Eliten in der Kommunalverwaltung zogen, wenn sie nicht geflohen oder sich umgebracht hatten, in den letzten Tagen der NS-Herrschaft die Konsequenz aus dem dramatischen Verfall ihrer Machtposition, indem sie die Übergabebestrebungen ihrer Umgebung zumindest nicht behinderten. Entgegen den oft heroisierenden Selbstdarstellungen vor den Spruchkammern hieß das jedoch nicht, dass sie dem Nationalsozialismus untreu wurden. Sie arbeiteten weiter für die „Volksgemeinschaft", selbst nachdem der „Führer" deren Untergang angeordnet hatte.

Thesen

Aus den Handlungsweisen und Maßnahmen, mit denen die Kommunalverwaltungen in Deutschland auf den Luftkrieg reagierten, lassen sich drei Schlussfolgerungen ziehen und zu Thesen verdichten, die über den Rahmen der Kriegsverwaltung hinaus weisen. Sie betreffen erstens die Reichweite kommunalen Verwaltungshandelns, zweitens die Form und Effizienz dieser Verwaltung und drittens das Verhältnis von NS-Funktionseliten und der Gesellschaft.

1. Trotz strukturell angelegter Überforderung leisteten die Kommunen eine intensive und durchaus wirksame Katastrophenprävention. Bei der Bewältigung der Krisen stießen sie dagegen schnell an ihre Grenzen.

Entgegen der grundlegenden Ergebnisse von Horst Matzerath[32] waren die Kommunen in der NS-Herrschaft nicht nur die unglücklichen Opfer einer Politik, die auf die Zerstörung der kommunalen Selbstverwaltung abzielte. Ihr Tätigkeitsspektrum blieb umfassend und ihre Dienstleistungen unverzichtbar. Gemessen an den begrenzten Ressourcen, die den Stadtverwaltungen zur Verfügung standen, lösten sie die ihnen

---

[32] Vgl. Horst Matzerath, Nationalsozialismus und kommunale Selbstverwaltung, Berlin 1970; ders., Kommunale Selbstverwaltung im Zweiten Weltkrieg, in: Klaus Möltgen (Hrsg.), Kriegswirtschaft und öffentliche Verwaltung im Ruhrgebiet 1939 – 1945, Dortmund 1991, S. 35 – 50.

übertragenen Aufgaben überraschend gut. Allerdings ließen sich mit organisatorischem Geschick allein keine Wunder vollbringen. Das kommunale Krisenmanagement scheiterte nicht an mangelnder Leistungsbereitschaft, Inflexibilität oder Trägheit, sondern an den Prioritäten der deutschen Kriegswirtschaft, die den zivilen Bereich schon lange vor 1939 benachteiligt hatte.

2. Notgedrungen handelten die Kommunen flexibel, unbürokratisch und situationsangepasst. Die Extremsituation des Luftkriegs wurde zur Nagelprobe für ein derartiges Verwaltungshandeln, das bereits zuvor eine Gegenstrategie zu den dysfunktionalen Elementen der NS-Herrschaft dargestellt hatte. Vor allem die Kommunen kompensierten durch ihre permanente Feinabstimmung und Koordinationsleistung das polykratisch labile NS-Herrschaftssystem von unten heraus.

Eine ungeheure Fülle von Verordnungen und Detailregelungen kennzeichnete den Alltag der Stadtverwaltungen noch bevor die erste Bombe auf eine deutsche Stadt gefallen war. Aus Personalnot und um die kommunalen Behörden von dem Vorwurf bürokratischer Engstirnigkeit zu bewahren, setzten die Städte das Kriegsverwaltungsrecht keineswegs immer buchstabengetreu um, sondern dehnten ihre Ermessensspielräume immer weiter aus. Manche Änderungen ignorierten sie schlichtweg, weil sich die bis dahin eingeübten Verfahrensweisen bewährt hatten. Auf diese Weise erhielten die Stadtverwaltungen das notwendige Maß an Überschaubarkeit aufrecht, das der örtlichen Stabilität zugute kam. Diese Einübungen in ein eher einzelfallbezogenes und improvisatorisches Verwaltungshandeln bewährte sich, wenn nach einem Luftangriff zunächst Chaos auszubrechen drohte. Da die Stadtverwaltungen selbst in außergewöhnlichen Krisensituationen nach Routinen strebten, konnten sie für die leidgeprüfte Bevölkerung nach einer gewissen Zeit sogar wieder einen Anker der Kontinuität und Stabilität bieten. Insgesamt barg diese Art des Verwaltungshandelns ein enormes Effizienzpotenzial, das ganz darauf ausgerichtet war, den Bestand der NS-Herrschaft zu sichern[33].

3. Die zahlreichen überzeugten NS-Stadtoberhäupter taten dies aus dem Willen heraus, an der „Heimatfront" ihren Beitrag zum „Endsieg" zu leisten. Sie mobilisierten ungeheure Ressourcen an Arbeitskraft und hielten die Bevölkerung so weit wie möglich bei der Stange. Die übergroße Mehrzahl von ihnen bezeugte jedoch

---

[33] In diese Richtung argumentieren auch Wolf Gruner/Armin Nolzen, Editorial, in: Dies. (Hrsg.), Bürokratien, S. 7 – 15.

ein starkes Interesse am Wohlergehen der ihnen anvertrauten Stadt: Sie blieben überzeugte Nationalsozialisten, waren jedoch nicht bereit, ihrem „Führer" in den totalen Untergang zu folgen. Man muss sich davor hüten, einen deutlichen Gegensatz zwischen der NS-Elite und der Bevölkerung zu konstruieren. Das lokale NS-Führungspersonal hatte zum Teil einen erstaunlich großen Rückhalt in der Bevölkerung und musste gar nicht despotisch auftreten, um die eigene Herrschaft abzusichern[34]. Umgekehrt fühlten sie die NS-Funktionäre in Partei und Verwaltung der Bevölkerung tatsächlich verbunden; ihr später so oft betonter „Idealismus" war keine reine Schutzbehauptung, um sich vor strafrechtlicher Verfolgung zu schützen. Vielfach konnten sie ohne größere Probleme in der Bevölkerung weit verbreitete Wertvorstellungen mit ihrer Auffassung dessen, was als „nationalsozialistisch" zu gelten hatte, in Übereinstimmung bringen. Letztlich führt die Betrachtung der Kommunalverwaltung im Bombenkrieg daher zu der Erkenntnis, dass „das NS-Regime und seine Verbrechen nicht von einer anderen Gesellschaft und anderen Menschen betrieben wurden als von den uns wohlvertrauten"[35].

---

[34] Vgl. Andreas Ruppert/Hansjörg Riechert, Herrschaft und Akzeptanz. Der Nationalsozialismus in Lippe während der Kriegsjahre. Analyse und Dokumentation, Opladen 1998.
[35] Ulrich Herbert, Wer waren die Nationalsozialisten? Typologien des politischen Verhaltens im NS-Staat, in: Gerhard Hirschfeld/Tobias Jersak (Hrsg.), Karrieren im Nationalsozialismus. Funktionseliten zwischen Mitwirkung und Distanz, Frankfurt a.M./New York 2004, S. 17–42, hier S. 38.

Armin Nolzen
„Sozialismus der Tat"?
Die Nationalsozialistische Volkswohlfahrt (NSV) und der alliierte Luftkrieg gegen das Deutsche Reich

In seiner umstrittenen Studie „Der Brand", die den alliierten Bombenkrieg gegen das Deutsche Reich von 1940 bis 1945 behandelt, widmete sich der Publizist Jörg Friedrich auch den zivilen Luftschutzmaßnahmen des NS-Regimes. Im einschlägigen Kapitel, das die Überschrift „Schutz" trägt, finden sich die folgenden Sätze: „Den Fürsorgeteil des Luftschutzes organisiert die NSDAP. Im Dezember 1943 ernennt Hitler einen Reichsinspektor für den zivilen Luftschutz, den Propagandaminister Goebbels. Die einzige Propaganda, die jetzt noch etwas zählt, ist die Tat. So wird für die Bombenopfer etwas getan. Die NS-Volkswohlfahrt, der Bund deutscher Mädel, die NS-Frauenschaft nehmen sich der Geschädigten an. Die Sozialämter überrollt eine Flut von Bedürftigkeiten, die ein Heer von Notdienstverpflichteten sämtlicher Behörden [...] auffängt. Zwischen Sozialämtern und Partei wird in ‚Einsatzmappen' vereinbart, wer wen behandelt. Die Partei zeigt in dem Solidarwerk Flagge; es wird die ‚zweite Machtergreifung' genannt. Die Macht über die Nöte kittet Volk und Regime erst recht aneinander."[1]

Diese lakonischen Bemerkungen blieben auch schon die einzigen Aussagen, die sich Friedrich zur Funktion der Nationalsozialistischen Deutschen Arbeiterpartei (NSDAP), ihrer Gliederungen und angeschlossenen Verbände im Luftkrieg entlocken ließ[2]; ein Widerspruch zur inhaltlichen Aussage, wonach der Parteiapparat die Fürsorge nach Luftangriffen koordinierte. Immerhin stecken

---

[1] Jörg Friedrich, Der Brand. Deutschland im Bombenkrieg 1940 – 1945, Berlin 2002, S. 437. Die konziseste Kritik an Friedrich gibt Ralf Blank, Jörg Friedrich: Der Brand. Deutschland im Bombenkrieg. Eine kritische Auseinandersetzung, in: Militärgeschichtliche Zeitschrift 63 (2004), S. 175 – 186.
[2] Die Forschungen zur Geschichte der NSDAP im Zweiten Weltkrieg resümiert Armin Nolzen, Die NSDAP, der Krieg und die deutsche Gesellschaft, in: Jörg Echternkamp (Hrsg.), Das Deutsche Reich und der Zweite Weltkrieg (künftig: DRZW), Bd. 9: Die deutsche Kriegsgesellschaft 1939 bis 1945, 1. Teilband: Politisierung, Vernichtung, Überleben, München 2004, S. 99 – 193.

darin drei wesentliche Hypothesen: Erstens gewannen die NSDAP und die übrigen NS-Organisationen durch den alliierten Luftkrieg innerhalb des NS-Herrschaftssystems an Einfluss, was Friedrich unter dem Stichwort „zweite Machtergreifung" behandelte. Zweitens sorgte die Parteiorganisation für die Opfer alliierter Luftangriffe, und drittens bewirkten diese Hilfsmaßnahmen einen gewissen Solidarisierungseffekt in der Bevölkerung. Letztlich, so Friedrich eher implizit, konterkarierten sie die alliierte Strategie des „moral bombing".

Friedrichs drei Hypothesen sollen im Folgenden anhand einer NS-Organisation überprüft werden, die er im einführenden Zitat nennt. Es geht um die Nationalsozialistische Volkswohlfahrt (NSV), deren Rolle in der Sekundärliteratur über den Luftkrieg stark vernachlässigt wird[3]. Ähnliches gilt für die maßgeblichen Monographien über die NSV, die nur die Fürsorgeleistungen außerhalb des Luftkrieges behandeln[4]. Zu Kriegsbeginn war die NSV eine reine Beitragsorganisation mit mehr als 15 Millionen Mitgliedern, die in allen nur erdenklichen Bereichen der Fürsorgepolitik tätig war. Am bekanntesten waren das „Winterhilfswerk" (WHW)[5], das „Hilfswerk Mutter und Kind" und die „Jugendfürsorge". Die wichtigste Funktion der NSV lag im „Sozialismus der Tat", das heißt in der Bereitstellung von Fürsorgeleistungen für alle „arischen Deutschen", die an das politische Wohlverhalten der Fürsorgeempfänger gekoppelt waren[6]. Die NSV gliederte sich in das in Berlin ansässige Hauptamt für

---

[3] Die Ausnahmen bilden Wilfried Beer, Kriegsalltag an der Heimatfront. Alliierter Luftkrieg und deutsche Gegenmaßnahmen zur Abwehr und Schadensbegrenzung, dargestellt für den Raum Münster, Bremen 1990, sowie Olaf Groehler, Bombenkrieg gegen Deutschland, Berlin 1990.

[4] Vgl. Peter Zolling, Zwischen Integration und Segregation. Sozialpolitik im „Dritten Reich" am Beispiel der „Nationalsozialistischen Volkswohlfahrt" (NSV) in Hamburg, Frankfurt a. M. u. a. 1986; Herwart Vorländer, Die NSV. Darstellung und Dokumentation einer nationalsozialistischen Organisation, Boppard am Rhein 1988; Eckhard Hansen, Wohlfahrtspolitik im NS-Staat. Motivation, Konflikte und Machtstrukturen im „Sozialismus der Tat" des Dritten Reiches, Augsburg 1991, sowie Peter Hammerschmidt, Die Wohlfahrtsverbände im NS-Staat. Die NSV und die konfessionellen Verbände Caritas und Innere Mission im Gefüge der Wohlfahrtspflege des Nationalsozialismus, Opladen 1999.

[5] Die beste Darstellung zum WHW, allerdings begrenzt auf die Provinz Westfalen, gibt Rainer Auts, Opferstock und Sammelbüchse. Die Spendenkampagnen der freien Wohlfahrtspflege vom Ersten Weltkrieg bis in die sechziger Jahre, Paderborn u. a. 2001, S. 209–335.

[6] So jedenfalls Christoph Sachße/Florian Tennstedt, Geschichte der Armenfürsorge in Deutschland, Bd. 3: Der Wohlfahrtsstaat im Nationalsozialismus, Stuttgart/Berlin/Köln 1992, S. 120 u. 275.

Volkswohlfahrt sowie – analog zur NSDAP – in Gau-, Kreis-, Orts-, Zellen- und Blockwaltungen. Am 1. August 1942 waren in der NSV insgesamt 16.284 hauptberufliche männliche Arbeitskräfte tätig, von denen 41 Prozent zur Wehrmacht einberufen waren[7]. Hinzu kamen knapp 20.000 hauptamtlich in den NSV-Dienststellen tätige Frauen (ohne Pflegepersonal). Von diesen Arbeitskräften zu unterscheiden sind die haupt- und ehrenamtlichen Funktionäre der NSV. Die zu Jahresbeginn 1940 knapp 12.000 hauptamtlichen Funktionäre waren im Hauptamt für Volkswohlfahrt und in den Gauen und Kreisen tätig; die ehrenamtlichen Funktionäre agierten in insgesamt 21.619 Ortsgruppen, 79.473 Zellen und 421.487 Blocks. Geht man davon aus, dass alle Posten besetzt waren, die der Organisationsplan der NSV vorsah, dann gab es zu Beginn des Zweiten Weltkrieges eine Million ehrenamtlicher Funktionäre in der NSV.

Die NSV und die Organisation des Luftschutzes

Im Herbst 1937 wurde die NSV zum ersten Mal in den zivilen Luftschutz eingeschaltet, als sie sich an der Verteilung der „Volksgasmaske" und an der Entrümpelung der Dachböden beteiligte[8]. Seit diesem Zeitpunkt bereiteten sich auch die NSDAP, ihre Gliederungen und angeschlossenen Verbände auf einen zukünftigen Krieg vor. Federführend war die Dienststelle des Stellvertreters des Führers (StdF), also das Führungsorgan der NSDAP[9]. In dieser Parteidienststelle wurde eine Abteilung M eingerichtet, die für alle Mobilmachungs-Angelegenheiten zuständig war, und dazu zählte auch der zivile Luftschutz[10]. In Absprache mit

---

[7] Zum Folgenden die Aufstellung in: Bundesarchiv Berlin (künftig: BA Berlin), NS 6/317, Bl. 27 – 30; Joseph Franz Zimmermann, Die NS-Volkswohlfahrt und das Winterhilfswerk des Deutschen Volkes, Würzburg 1938, S. 27, sowie die Tabellen bei Hammerschmidt, Wohlfahrtsverbände, S. 589f. u. 592.
[8] Vgl. Bernd Lemke, Luftschutz in Großbritannien und Deutschland 1923 bis 1939. Zivile Kriegsvorbereitungen als Ausdruck der staats- und gesellschaftspolitischen Grundlagen von Demokratie und Diktatur, München 2005, S. 301f.
[9] Dazu Peter Longerich, Hitlers Stellvertreter. Führung der Partei und Kontrolle des Staatsapparates durch den Stab Heß und die Partei-Kanzlei Bormann, München u.a. 1992.
[10] Vgl. Gerd Noack/Manfred Weißbecker, „Die Partei als Rückgrat der inneren Front". Mobilmachungspläne der NSDAP für den Krieg (1937 bis 1939), in: Der Weg in den Krieg. Studien zur Geschichte der Vorkriegsjahre (1935/36 bis 1939), hrsg. von Dietrich Eichholtz und Kurt Pätzold, Köln 1989, S. 67 – 90.

den militärischen Führungsbehörden stellte die Abteilung M so genannte Arbeitspläne auf, in denen das Aktionsfeld der NSDAP im Kriegsfall umrissen wurde. Im „Arbeitsplan" für die NSV vom Juni 1939 hieß es unter Punkt 5: „Der NSV werden im Rahmen des Einsatzes der Partei im Kriege folgende Aufgabengebiete übertragen: [...] Betreuung der durch Luftangriffe betroffenen Volksgenossen"[11]. In Punkt 15 wurde das „Verhalten bei Fliegerangriffen" wie folgt geregelt: „Die Kreis- und Ortswalter der NSV. haben bei Fliegeralarm sofort die Dienststelle des Hoheitsträgers aufzusuchen, wo sie dem Hoheitsträger zur Verfügung stehen. Sie sind während ihres Einsatzes im Luftschutz durch eine grüne Armbinde gekennzeichnet, die den Aufdruck ‚Luftschutz-NSDAP' trägt und von dem Ortsgruppenleiter ausgehändigt wird." Hinzu kam der so genannte Selbstschutz in ihren eigenen Dienststellen, den die NSV ebenfalls zu leisten hatte[12]. Wichtigstes Prinzip der Tätigkeiten der NSV im Luftschutz sollte sein, dass sie durch die so genannten Hoheitsträger der NSDAP koordiniert wurden, in diesem Fall also die Kreis- und Ortsgruppenleiter.

Die NSV sollte also, dies stand seit dem Sommer 1939 fest, im Kriegsfall ihre Fürsorgeleistungen auch den von Luftangriffen betroffenen „Volksgenossen" zugute kommen lassen. Die inhaltliche Ausgestaltung dieser Vorschrift entwickelte sich während des Zweiten Weltkrieges am Objekt selbst. Je mehr der alliierte Luftkrieg eskalierte, um so mehr wurde die NSV in die Maßnahmen der „Betreuung" eingebunden[13]. Dies geschah zunächst einmal auf kommunaler Ebene. Beispielsweise stellte die Kreisleitung (KL) Köln einen „Sonder-Einsatzplan" auf, der das Vorgehen der NSDAP nach Luftangriffen festlegte[14]. Die Kreisleitung sollte Verpflegung und Notquartiere bereitstellen sowie die Bergung von Hausrat koordinieren und sich dabei der NSV und der

---

[11] Dienststelle des Stellvertreters des Führers (künftig: StdF), Abteilung M: „Anweisungen und Richtlinien für den Einsatz der NSV im Kriege" [undatiert; ca. 6/1939], in: BA Berlin, NS 6/146, Bl. 23f.
[12] Zum „Selbstschutz" die apologetische Darstellung von Erich Hampe, Der Zivile Luftschutz im Zweiten Weltkrieg. Dokumentation und Erfahrungsberichte über Aufbau und Einsatz, Frankfurt a.M. 1963, S. 76 – 90.
[13] Zu diesem Begriff kritisch Carl-Wilhelm Reibel, Das Fundament der Diktatur. Die NSDAP-Ortsgruppen 1932 – 1945, Paderborn u.a. 2002, S. 271 – 274.
[14] „Sonder-Einsatz der NSDAP", 5.4.1940, in: Hauptstaatsarchiv Düsseldorf, RW 23/25. In der Forschung zu den KL der NSDAP wird deren Rolle im Luftkrieg oft vernachlässigt; siehe Claudia Roth, Parteikreis und Kreisleiter der NSDAP unter besonderer Berücksichtigung Bayerns, München 1997; Christine Arbogast, Herrschaftsinstanzen der württember-

Ortsgruppenleiter bedienen. Auch in vielen anderen Großstädten kam es danach zu Absprachen zwischen den Kreisleitungen der NSV, den kommunalen Verwaltungen und örtlichen Luftschutzleitern, wie nach Luftangriffen vorgegangen werden sollte. Diese Einzelfallregelungen wurden durch das Reichsluftfahrtministerium gebündelt, dem der gesamte zivile Luftschutz unterstand und das in diesem Politikfeld „allen in Betracht kommenden zivilen Ministerien unmittelbare Weisungen" erteilen durfte[15]. NSDAP und NSV waren sowohl bei der „Betreuung" der Bevölkerung nach Luftangriffen als auch beim „Selbstschutz" in ihren eigenen Dienststellen auf die Zusammenarbeit mit den Behörden des zivilen Luftschutzes angewiesen, vor allem mit den örtlichen Luftschutzleitern, die meistens in Personalunion als Chefs der Ortspolizeibehörden agierten. Diesen waren der zivile Luftschutzwarndienst, der Sicherheits- und Hilfsdienst (SHD), der Werkluftschutz sowie der Reichsluftschutzbund (RLB) nachgeordnet.

Bis Herbst 1940 gelang es der NSDAP, immer weitere Aufgaben des zivilen Luftschutzes zu übernehmen. Eine Anordnung Martin Bormanns, des Stabsleiters des Stellvertreters des Führers, markierte den vorläufigen Endpunkt der Entwicklung. Unter dem Betreff „Einsatz der Partei im Luftschutz" listete Bormann neun Aufgabenbereiche auf, in denen der Parteiapparat den „Reichsmarschall" und Reichsminister der Luftfahrt Hermann Göring im zivilen Luftschutz zu unterstützen habe. So sollte die Partei die Maßnahmen zur Verdunkelung überwachen, „Verständnis" für die Auswahl der Luftschutzräume erzeugen, die Bevölkerung zum Aufsuchen der Luftschutzräume anhalten, deren Verhalten in den Luftschutzräumen überwachen, allen

---

gischen NSDAP. Funktion, Sozialprofil und Lebenswege einer regionalen NS-Elite, 1920 – 1960, München 1998; Andreas Ruppert/Hansjörg Riechert, Herrschaft und Akzeptanz. Der Nationalsozialismus in Lippe während der Kriegsjahre. Analyse und Dokumentation, Opladen 1998; Sebastian Lehmann, Kreisleiter der NSDAP in Schleswig-Holstein. Lebensläufe und Herrschaftspraxis einer regionalen Machtelite, phil. Diss. Flensburg 2004, sowie Michael Rademacher, Die Kreisleiter der NSDAP im Gau Weser-Ems, Marburg 2005.

[15] StdF, Abteilung M: Tgb. Nr. 1070/39 g., 29.7.1939, in: BA Berlin, NS 6/453, Bl. 8 – 13, hier Bl. 8. Zur Gliederung des zivilen Luftschutzes Horst Boog, Der anglo-amerikanische Luftkrieg über Europa und die deutsche Luftverteidigung, in: Ders. u.a., DRZW, Bd. 6: Der globale Krieg. Die Ausweitung zum Weltkrieg und der Wechsel der Initiative 1941 – 1943, Stuttgart 1990, S. 427 – 565, hier S. 437 – 448, sowie das regionale Beispiel bei Beer, Kriegsalltag, S. 93 – 135.

Angehörigen verletzter oder getöteter „Volksgenossen" so lange helfen, bis diese „seelisch wieder stark genug sind, die ihnen vom Leben gestellten Aufgaben allein zu meistern", in der Rüstung drohende Produktionsausfälle vermeiden helfen, aus ihrem Personalbestand „weltanschaulich und charakterlich geeignete Luftschutzwarte" stellen, wobei sie mit dem RLB zu kooperieren habe, ferner vorsorgliche und nachträgliche „Evakuierungen" vornehmen und schließlich mit RLB und SHD zusammenarbeiten[16]. Mit Ausnahme des Luftschutzes in den Rüstungsbetrieben, der eine Domäne der Deutschen Arbeitsfront blieb, fielen diese Aufgaben allesamt in den Hoheitsbereich der NSV. Der Schwerpunkt ihrer Tätigkeiten lag zunächst einmal auf der Verpflegung und Unterbringung von Ausgebombten und der „Betreuung" der Bevölkerung in den Bunkern.

Dies lässt sich auch an den detaillierten Absprachen zur Bewältigung der Luftkriegsfolgen zeigen, die seit Anfang 1941 zwischen den Kommunalverwaltungen und den Kreisleitungen der NSDAP in luftkriegsgefährdeten Großstädten getroffen wurden. Demnach war die NSV für die Fürsorge nach Luftangriffen zuständig und sollte zu diesem Zweck auf die städtische Infrastruktur zurückgreifen können, also auf Sammelunterkünfte, Transportmittel und städtische Lebensmittellager[17]. Seit dem Sommer 1941 wurde in vielen deutschen Städten auf diese Weise verfahren, etwa beim Luftangriff auf Münster am 6. und 7. Juli 1941, als die NSV Gewehr bei Fuß stand, um die Obdachlosen zu verpflegen und in

---

[16] Bormann, Anordnung A 95/40, 13.12.1940, in: BA Berlin, NS 6/820, Bl. 188–190. Zu Bormanns Lebensweg siehe Jochen von Lang, Der Sekretär. Martin Bormann: Der Mann, der Hitler beherrschte, Stuttgart 1977.
[17] Siehe die Vorgänge in: Stadtarchiv Bochum, Bo 321/2, sowie Dokumente deutscher Kriegsschäden. Evakuierte, Kriegssachgeschädigte, Währungsgeschädigte. Die geschichtliche und rechtliche Entwicklung, hrsg. vom Bundesminister für Vertriebene, Flüchtlinge und Kriegsgeschädigte, 6 Bde. + 2 Beihefte, Bonn 1958–1964, hier Bd. II/1: Soziale und rechtliche Hilfsmaßnahmen für die luftkriegsbetroffene Bevölkerung bis zur Währungsreform, Bonn 1960, S. 28–32 u. 94ff. Kommunale Beispiele geben Roland Müller, Stuttgart zur Zeit des Nationalsozialismus, Stuttgart 1988, S. 359–367, sowie Jörn Brinkhus, Auftragsverwaltung der Gemeinden im Krieg. Das Beispiel rheinischer und westfälischer Städte, in: Stadtverwaltung im Nationalsozialismus. Systemstabilisierende Dimensionen kommunaler Herrschaft, hrsg. von Sabine Mecking und Andreas Wirsching, Paderborn u.a. 2005, S. 215–242, hier S. 232–238.

ihre Notunterkünfte umzuleiten[18]. Die Eskalation des alliierten Bombenkrieges gegen das Deutsche Reich, die nach der Direktive des Bomber Command vom 14. Februar 1942 einsetzte[19], ließ diese Tätigkeiten dann immer wichtiger werden. Beim „1000-Bomber-Angriff" auf Köln in der Nacht auf den 31. Mai 1942 musste die NSDAP-Kreisleitung fast 60.000 Obdachlose „betreuen", wobei sich das Problem ergab, dass die zur Verpflegung vorgesehenen mobilen Küchen während der Bombenangriffe zerstört worden waren[20]. Die NSV improvisierte und organisierte bei den örtlichen Gaststätten, Lebensmittelhändlern, Bäckereien und Metzgereien kurzfristig 26.000 Essensportionen. In anderen Großstädten, so in Lübeck und Rostock, wurden die Kreisleitungen der NSDAP und die NSV im Frühjahr 1942 vor ähnliche Herausforderungen gestellt[21]. Nach den Luftangriffen im März/April 1942 öffneten die Gauamtsleitungen für Volkswohlfahrt in Schleswig-Holstein und Mecklenburg die Lebensmittellager und versorgten die Geschädigten großzügig[22]. Dabei eigneten sich NSV-Funktionäre große Mengen an Sekt, Spirituosen, Pralinen, Konserven, Kleidung und Schuhen für den persönlichen Gebrauch an. Wilhelm Janowsky, Gauamtsleiter der NSV in Schleswig-Holstein, versorgte daraufhin Freunde und Bekannte im gesamten Deutschen Reich mit unterschlagenen Gütern. Seit Ende Mai 1942 ermittelte die Hamburger Kriminalpolizei gegen einige NSV-Funktionäre und fand in deren Wohnungen regelrechte Depots. Die NSV versuchte, die Ereignisse zu vertuschen, aber Hitler, das Justiz- und das Propagandaministerium und die Partei-Kanzlei waren sich – nicht zuletzt aufgrund der „öffentlichen Erregung",

---

[18] Dazu die Vorgänge in: Staatsarchiv Münster, NSDAP-Gauamt für Volkswohlfahrt/637.
[19] Zur Entwicklung des strategischen Luftkrieges gegen das Deutsche Reich vgl. Boog, Luftkrieg, in: DRZW, Bd. 6, hier S. 449–505, sowie Groehler, Bombenkrieg, S. 16–35.
[20] Abschlußbericht Josef Grohés, des Gauleiters von Köln-Aachen, 15.6.1942, in: Martin Rüther (Bearb.), Köln, 31. Mai 1942: Der 1000-Bomber-Angriff, Köln 1992, S. 189–214, hier S. 203f. u. 209f.
[21] Auszug aus einem Bericht des Lübecker Polizeipräsidenten, 30.4.1942, in: Ursachen und Folgen. Vom deutschen Zusammenbruch 1918 und 1945 bis zur staatlichen Neuordnung Deutschlands in der Gegenwart. Eine Urkunden- und Dokumentensammlung zur Zeitgeschichte, hrsg. u. bearb. von Herbert Michaelis und Ernst Schraepler, 26 Bde. + Registerband, Berlin 1958–1980, hier Bd. XX, S. 66–70 (= Dokument 3410a), sowie Groehler, Bombenkrieg, S. 46–59.
[22] Vgl. Frank Bajohr, Parvenüs und Profiteure. Korruption in der NS-Zeit, Frankfurt a.M. 2001, S. 166–171.

die dieser Fall verursacht hatte – darin einig, dass die Verantwortlichen hart bestraft werden sollten. Am 28. August 1942 wurden drei NSV-Funktionäre, darunter Janowsky, zum Tode verurteilt; 15 weitere Funktionäre erhielten Zuchthausstrafen zwischen zwei Monaten und acht Jahren. Janowsky wurde hingerichtet, die anderen Todesstrafen in lebenslange Haft umgewandelt.

Kriegseinsatz und Kinderlandverschickung

Im Laufe des Jahres 1942 zeigte sich eine Schwerpunktverlagerung in der Tätigkeit der NSV nach alliierten Luftangriffen. Neben die ortsnahe Verpflegung und Unterbringung von Ausgebombten trat jetzt mehr und mehr deren „Umquartierung" in andere, weniger luftkriegsgefährdete Gebiete. Eine wichtige Weichenstellung für diese Entwicklung war bereits Hitlers Entscheidung für eine „Erweiterte Kinderlandverschickung" (KLV) Ende September 1940 gewesen, die nach einem schweren Luftangriff auf Berlin gefallen und der Reichsjugendführung sowie dem Hauptamt für Volkswohlfahrt übertragen worden war. Im Rahmen der KLV hatte die NSV für die Evakuierung der sechs- bis neunjährigen Kinder zu sorgen, wovon zwischen 1940 und 1944/45 insgesamt eine Million Kinder betroffen waren[23]. Die Einschaltung der NSV in die luftkriegsbedingten Evakuierungen schlug sich auch in einer Anordnung Görings vom 17. Dezember 1942 nieder, die der „Abgrenzung der Befehlsbefugnisse" im zivilen Luftschutz diente und der Partei „in allen Fragen der Menschenführung und Menschenbetreuung die alleinige Verantwortung" übertrug. Für die NSV wurden als Aufgaben die Einrichtung von Notquartieren, die Erstverpflegung, -versorgung und -unterbringung der Obdachlosen und „Umquartierung" genannt[24]. Seit 1942/43 nahmen die vorsorglichen und nachträglichen Evakuierungen, die von der KLV über die „Umquartierungen" bis zur totalen „Räumung" des Reichsgebiets 1944/45 reichten, einen bedeutenden Platz in der Arbeit der NSV ein, was sich beispielsweise an einer Aufstellung des Hauptamts für Volkswohlfahrt von Anfang 1945 zeigen lässt: Demnach hatte die NSV zu diesem Zeitpunkt

---

[23] Dazu Gerhard Kock, „Der Führer sorgt für unsere Kinder ..." Die Kinderlandverschickung im Zweiten Weltkrieg, Paderborn u.a. 1997, S. 339–343.
[24] Der Reichsmarschall des Großdeutschen Reiches und Oberbefehlshaber der Luftwaffe/Arbeitsstab LS Nr. 3544/42, 17.12.1942, in: BA Berlin, NS 6/294, Bl. 20 – 23, hier Bl. 21.

insgesamt 8.944.976 Menschen innerhalb des „Großdeutschen Reiches" evakuiert[25].
Auch während der verheerenden „Operation Gomorrha", bei der zwischen dem 24./25. Juli und dem 3. August 1943 rund 34.000 Bewohner Hamburgs, und damit der zweitgrößten deutschen Stadt, den Tod fanden, trat die NSV auf den Plan. 900.000 Obdachlose wurden auf besonderen Sammelplätzen konzentriert und entweder aus der Stadt hinausgebracht oder in Behelfsunterkünfte eingewiesen[26]. Die NSV gab mehrere Millionen Portionen Warm- und Kaltverpflegung aus, und Einsatzstäbe der NSDAP, bestehend aus Angehörigen der Gliederungen und angeschlossenen Verbände, bargen unter Lebensgefahr Verschüttete, Verletzte und Tote. Zwar hatte sich die NSDAP seit 1941/42 intensiv auf einen großen Luftangriff auf Hamburg vorbereitet; einer derartigen Katastrophe war man jedoch nicht gewachsen. Auch in Hamburg wurde die NS-„Volksgemeinschaft" immer mehr zu einer Trümmergesellschaft[27]. Zwar trugen die sozialpopulistischen Maßnahmen der NSV im Luftkrieg dazu bei, die erste Not der Bevölkerung zu lindern. Je weiter der Luftkrieg aber voranschritt, umso hilfloser wurden das NS-Regime, die NSDAP und mit ihr die NSV. Erst jetzt, Anfang 1944, begann sich die „volksgemeinschaftliche" Verankerung der NSDAP zu lösen, jedoch zunächst nur in denjenigen Städten, die dem alliierten Bombenkrieg in besonderem Maß ausgesetzt waren. Wie diese Auflösung der „Volksgemein-

---

[25] Gedruckt in: Dokumente deutscher Kriegsschäden, Bd. II/2, S. 302 – 336. Zu den luftkriegsbedingten Evakuierungen und zur Rolle der NSV vgl. Michael Krause, Flucht vor dem Bombenkrieg. „Umquartierungen" im Zweiten Weltkrieg und die Wiedereingliederung der Evakuierten in Deutschland 1943 – 1963, Düsseldorf 1997, S. 102 – 111; Katja Klee, Im „Luftschutzkeller des Reiches". Evakuierte in Bayern 1939 – 1953. Politik, soziale Lage, Erfahrungen, München 1999, S. 117 – 136, sowie dies., Nationalsozialistische Wohlfahrtspolitik am Beispiel der NSV in Bayern, in: Staat und Gaue in der NS-Zeit. Bayern 1933 – 1945, hrsg. von Hermann Rumschöttel und Walter Ziegler, München 2005, S. 557 – 620, hier S. 612 – 620.
[26] Zum Folgenden den undatierten und ungezeichneten Bericht: „NSV.-Einsatz in den Hamburger Großkatastrophentagen", in: BA Berlin, NS 26/260; die Erinnerungsberichte in: Dokumente deutscher Kriegsschäden, Beiheft 1, S. 51 – 99, sowie Groehler, Bombenkrieg, S. 106 – 121.
[27] Frank Bajohr, Hamburg – Der Zerfall der „Volksgemeinschaft", in: Kriegsende in Europa. Vom Beginn des deutschen Machtzerfalls bis zur Stabilisierung der Nachkriegsordnung 1944 – 1948, hrsg. von Ulrich Herbert und Axel Schildt, Essen 1998, S. 318 – 336, sowie Ralf Blank, Kriegsalltag und Luftkrieg an der Heimatfront, in: DRZW, Bd. 9/1, S. 357 – 461, hier S. 442 – 458.

schaft" im Einzelnen aussehen konnte, zeigte sich nach den verheerenden Luftangriffen auf Dresden am 13./14. Februar 1945. In den Quellen ist das komplette Versagen der Parteiorganisation dokumentiert[28]. Der in Dresden lebende Romanist Victor Klemperer, der als in privilegierter Mischehe lebender Jude die Repression des NS-Regimes am eigenen Leibe spürte, berichtete: „Es hieß immer, die NSV werde Verpflegung heranschaffen. Aber nichts kam."[29] Klemperer beleuchtet zwar die Dresdener Zusammenbruchsgesellschaft, er notiert aber auch ambivalente voces populi: „Eine junge Lübeckerin: ,Sie wollen uns durch den Terror zur Kapitulation zwingen. (Mit ehrlicher Erbitterung): Sie sollen sich getäuscht haben!'"[30] Die Propaganda des NS-Regimes, die gegen die „anglo-amerikanischen Plutokraten" hetzte, die „deutsches Kulturgut" auf „barbarischste Weise" zerstörten, wurde offenbar bis in die letzten Kriegstage unkritisch reproduziert[31]. Solche Stimmen, wie Klemperer sie überlieferte, legen nahe, dass der alliierte Bombenkrieg gegen das Deutsche Reich eine geradezu notwendige Bedingung dafür war, dass das NS-Regime zusammenbrach. Oder, anders formuliert: Ohne den alliierten Luftkrieg hätte das NS-Regime noch Jahre überdauert, weil es sich im Innern sonst ungebrochener Zustimmung erfreut hätte.

Bilanz

Die Tätigkeit der NSV vor, während und nach alliierten Luftangriffen war vielfältig und erschöpfte sich bei weitem nicht in den geschilderten Maßnahmen. Die NSV war ein wichtiger Bestandteil der arbeitsteiligen Kooperation zwischen innerer Verwaltung, NSDAP, Wehrmacht und Wirtschaft und übernahm immer mehr Aufgaben bei der Bekämpfung der Folgen des alliierten Luftkrieges. Auch innerhalb der NSDAP nahm das Gewicht der NSV zu, die zur wichtigsten NS-Organisation mutierte. Allerdings blieb die Eigenständigkeit der NSV begrenzt, weil sie

---

[28] Als Beispiel den Bericht in: Dokumente deutscher Kriegsschäden, Beiheft 1, S. 288 – 334. Grundlegend die Darstellung von Götz Bergander, Dresden im Luftkrieg. Vorgeschichte, Zerstörung, Folgen, Köln 1977.
[29] Eintrag vom 22. – 24.2.1945, in: Victor Klemperer, Ich will Zeugnis ablegen bis zum Letzten. Tagebücher 1933 – 1945, hrsg. von Walter Nowojski, Bd. 2, Berlin 1995, S. 661 – 672, hier S. 670.
[30] Eintrag vom 19.2.1945 – in: Ebenda, S. 675 ff., hier S. 676.
[31] Inwieweit die NS-Propaganda zu den „alliierten Luftgangstern" geglaubt wurde, bedarf allerdings noch weiterer Forschungen. Anregend dazu Blank, Kriegsalltag, in: DRZW, Bd. 9/1, S. 437 f.

mehr und mehr der Kontrolle der „Hoheitsträger" unterworfen wurde. Gleichzeitig wandelte sich im Luftkrieg notgedrungen auch die soziale Praxis der NSV, das heißt, sie musste von der Segregation in der Fürsorge nach rassisch-biologischen und politischen Kriterien zu einer Art unterschiedsloser Soforthilfe übergehen. Gleichzeitig etablierte sich die NSV als Instanz der sozialen Kontrolle und sorgte durch polizeiähnliche Maßnahmen wie die Überwachung der Luftschutzkeller dafür, dass abweichendes Verhalten sanktioniert wurde. Schließlich gelang es der NSV auch, immer größere Teile der Bevölkerung in den „Selbstschutz" einzubinden. Dies geschah im Wesentlichen durch die Mobilisierung der eigenen Mitglieder für den Luftschutz. Zweifellos, und das ist mit Blick auf die Hypothesen Friedrichs wichtig, gewannen sowohl NSDAP als auch NSV durch den alliierten Luftkrieg im NS-Herrschaftssystem an Einfluss. Eine „zweite Machtergreifung", wie Friedrich meinte, bedeutete dies jedoch nicht[32]. Im Gegenteil: Innere Verwaltung, Luftwaffe, Polizei und Wirtschaftsadministration arbeiteten jetzt immer enger mit NSDAP und NSV zusammen und übertrugen der Parteiorganisation immer mehr Aufgaben, die sie selbst nicht erledigen konnten. Es ging also um eine intensivere Arbeitsteilung und nicht um gewaltsame Übernahme der politischen Macht durch die NSDAP wie 1933/34.

Friedrichs zweite These war, dass die NSDAP und die NSV für die Opfer der alliierten Luftangriffe sorgten und deren soziale Nöte linderten. Zunächst ist festzustellen, dass der alliierte Luftkrieg das Alltagsleben im NS-Staat grundlegend veränderte, weil die Bevölkerung den Krieg nunmehr am eigenen Leibe zu spüren bekam. Unzählige Frauen, Männer und Kinder verloren Hab und Gut und, im schlimmsten Fall, ihr Leben. Nach Berechnungen von Olaf Groehler gab es innerhalb des „Großdeutschen Reiches" rund 406.000 Luftkriegstote. Offenbar gelang es der NSV zumindest bis 1943/44 tatsächlich, die erste Not der Bombenopfer zu lindern. Dies zeigt sich auch darin, dass sie nach dem Zweiten Weltkrieg im öffentlichen Bewusstsein als eine Organisation galt, die sehr gute Arbeit geleistet habe[33]. Inwieweit die Tätigkeit der NSDAP und der NSV im Luftkrieg, wie Friedrich drittens meinte,

---

[32] Der Begriff stammt ursprünglich von Dieter Rebentisch, Führerstaat und Verwaltung im Zweiten Weltkrieg. Verfassungsentwicklung und Verwaltungspolitik 1939 – 1945, Stuttgart 1989, S. 535.
[33] Dieser Topos ist in den Aussagen über die NSV allgegenwärtig. Ein implizites Beispiel findet sich bei Ruth Klüger, Weiter leben. Eine Jugend, München [8]1998, S. 183.

maßgeblich zur Stabilisierung des NS-Regimes nach innen beitrug, ist aufgrund einer Analyse eines einzelnen Politikfeldes wie dem zivilen Luftschutz nicht zu entscheiden. Die Ruhigstellung der „Heimatfront", deren Notwendigkeit sich in den Augen des NS-Regimes aus der Furcht vor einem neuen 9. November 1918 ergab, stellte bekanntlich die wichtigste Aufgabe der NSDAP im Zweiten Weltkrieg dar. Die Aktivitäten der NSV waren nur ein Aspekt dieser sozialen Kontrolle oder auch sozialen Disziplinierung. Die Frage ist, welchen Anteil die NS-Fürsorgepolitik generell an der Systemstabilisierung hatte. Zu berücksichtigen sind noch andere Politikfelder wie etwa die personelle Mobilisierung, die polizeiliche Repression, die Propaganda des NS-Regimes und der „Führermythos". Demgegenüber hat Götz Aly in seinem Buch „Hitlers Volksstaat" gemeint, dass die Verteilung enteigneten jüdischen Vermögens unter der deutschen Bevölkerung und die private Ausplünderung der besetzten Gebiete durch deutsche Soldaten das NS-System von innen heraus stabilisiert hätten[34]. Den methodischen Ausgangspunkt dieser These bildet eine Integrationstheorie, wonach die Gewährung materieller Vergünstigungen bei den Rezipienten immer auch politische Loyalität hervorrufe. Es spricht doch aber vieles für die Annahme von Niklas Luhmann, der betont, dass man „auf der Seite derer, die die Wohlfahrt empfangen sollen und für die die Politik sich guten Willens abmüht, nicht mit konstanten Einstellungen der Genussbereitschaft und Dankbarkeit und entsprechender politischer ‚Loyalität' rechnen kann"[35]. Bei der Inanspruchnahme staatlicher Sozialleistungen kann es sich also genauso gut um Mitnahmeeffekte handeln, die nicht zwangsläufig Loyalität generieren müssen. Ähnliches ist für die Fürsorgeleistungen der NSDAP und der NSV anzunehmen.

Diese Hypothesen zur Rolle der NSV während des Luftkrieges sind sehr vorläufig und auf einem Forschungsstand formuliert, der noch unzureichend ist. Es bedarf noch weiterer Forschungen, damit sie erhärtet werden können, vor allem im regionalen und lokalen Bereich. Abzusehen ist, dass dabei die Dichotomie der NS-

---

[34] Vgl. Götz Aly, Hitlers Volksstaat. Raub, Rassenkrieg und nationaler Sozialismus, Frankfurt a.M. 2005.
[35] Niklas Luhmann, Politische Theorie im Wohlfahrtsstaat, München/Wien 1981, S. 10. Die Anwendung von systemtheoretischen Ansätzen in der Geschichtswissenschaft ist bislang fast vollkommen unterblieben. Anregend dazu Frank Becker/Elke Reinhardt-Becker, Systemtheorie. Eine Einführung für die Geschichts- und Kulturwissenschaften, Frankfurt a.M./New York 2001.

Forschung, die die „Herrschaft", also Staat, NSDAP oder NSV, immer der „Gesellschaft", also der Bevölkerung, gegenüberstellt, überwunden werden muss. Die NSDAP, und dasselbe gilt pars pro toto für die NSV, war eine Organisation, die während des „Dritten Reiches" in alle erdenklichen gesellschaftlichen Funktionsbereiche vordrang und die alle sozialen Schichten in sich vereinigte. Die nach dem Zweiten Weltkrieg vorgebrachte Apologie, wonach die „Goldfasane" der NSDAP im Luftkrieg kläglich versagt hätten, ist kritisch zu hinterfragen. Sie wurde meistens auch von Personen perpetuiert, die selbst Mitglieder in der NSDAP, ihren Gliederungen oder angeschlossenen Verbänden gewesen waren und persönliche Verantwortung hinter anonymen Organisationen versteckten, mit denen sie aus nahe liegenden Gründen nichts mehr zu tun haben wollten. Die NSDAP repräsentierte die deutsche Gesellschaft zwischen 1933 und 1945 wie keine zweite Organisation, so dass eine Trennung zwischen „dem Nationalsozialismus" und „der Bevölkerung" heuristisch nicht zulässig ist. Die NS-Forschung täte gut daran, diesen Aspekt in Zukunft stärker zu berücksichtigen.

Barbara Grimm
Lynchmorde an alliierten Fliegern im Zweiten Weltkrieg

Am 31. August 2004 fand im hessischen Rüsselsheim die feierliche Enthüllung eines Mahnmales statt, das an die Ermordung von sechs amerikanischen Fliegern in der Opelstadt sechzig Jahre zuvor erinnern soll. Die zunächst insgesamt acht amerikanischen Gefangenen sollten nach dem Abschuss ihrer Maschine über Osnabrück im August 1944 zum Verhör in das Durchgangslager Oberursel gebracht werden. Da durch einen vorangegangenen Bombenangriff die Gleisanlagen bei Rüsselsheim stark beschädigt waren, war der Weitertransport der Gefangenen unmöglich. Man sah sich deshalb gezwungen, die GI's durch den Ort zu führen, wo sie östlich des Bahnhofes – dort waren die Schienen wieder intakt – die Reise gen Frankfurt fortsetzen sollten. Doch soweit sollte es gar nicht mehr kommen, denn beim Anblick der gefangenen Amerikaner begann der aufgebrachte Mob bewaffnet mit Stöcken und Prügeln auf die nur schlecht bewachten Gefangenen loszugehen und jagte diese durch die Stadt. Vier der GI's wurden vom Rüsselsheimer NSDAP-Ortsgruppenleiter erschossen, zwei weitere erschlagen. Lediglich zwei Gefangenen gelang die Flucht. Sie hatten sich tot gestellt und konnten in einem unbeaufsichtigten Moment entkommen[1].

Forschungsdesiderat „Fliegermorde"

Morde an alliierten Fliegern waren keine Einzelfälle, und die amerikanischen Behörden hatten schon unmittelbar nach Kriegsende alle Hebel in Bewegung gesetzt, der Schuldigen habhaft zu werden. Gleichwohl ist über die Dimension des Phänomens, das man mit „Fliegerlynchjustiz" bezeichnet, wenig bekannt. Der Begriff „Lynchjustiz" findet sich bereits in zeitgenössischen Dokumenten und bezeichnet Übergriffe mit Todesfolge auf Mitglieder von abgeschossenen britischen oder amerikanischen Bomberbe-

---

[1] Vgl. Günter Neliba, Lynchjustiz an amerikanischen Kriegsgefangenen in der Opelstadt Rüsselsheim (1944). Rekonstruktion einer der ersten Kriegsverbrecher-Prozesse in Deutschland nach Prozeßakten (1945 – 1947), Frankfurt a.M. 2000.

satzungen – Lynchjustiz deshalb, weil die Tötungen nicht nach gerichtlicher Verhandlung und Verurteilung stattfanden, sondern weil sie außerhalb des kriegs- und völkerrechtlichen Rahmens vollzogen wurden. Denn mit abgeschossenen Fliegern hätte, wie mit allen übrigen Kombattanten auch, gemäß den Bestimmungen der Haager Landkriegsordnung von 1907 und der Genfer Konvention von 1929, die beide den Status von Kriegsgefangenen regeln, umgegangen werden müssen. Die Gefangenen hätten also „jederzeit mit Menschlichkeit behandelt werden und insbesondere gegen Gewalttätigkeiten, Beleidigungen und öffentliche Neugier" sowie „Vergeltungsmaßnahmen" geschützt werden müssen[2]. Der Begriff Lynchmorde impliziert aber auch noch eine andere Annahme, nämlich, dass als Täter der aufgebrachte „Mob" oder die wütende Einzelperson agierte[3]. Im Falle der Fliegerlynchmorde würde das konkret bedeuten, dass den Übergriffen alliierte Bombenangriffe vorangingen, die die Masse oder die Einzelperson so sehr reizten, dass sie sich vergaßen. Die Misshandlung und Ermordung eines Fliegers wäre demzufolge die tödliche Konsequenz aus persönlichen Rachegefühlen, die der Täter an einem Opfer, auf das er seinen Hass projizieren konnte, auslebte. Auch wenn im Vergleich zu den Massenverbrechen des nationalsozialistischen Regimes die Zahl derartiger Übergriffe verschwindend gering ausfällt, so bilden diese Vorfälle doch einen weiteren Mosaikstein im Gesamtbild der Befindlichkeit der deutschen Gesellschaft gegen Ende des Krieges. Sie zeugen von einer wachsenden Radikalisierung der deutschen Gesellschaft, von einer schrittweisen Entgrenzung der Gewalt. Die Übergriffe bilden in gewisser Hinsicht auch eine Art Gradmesser, ob die von „oben" kommenden Anregungen und Aufstachelungen tatsächlich einen Resonanzboden in der deutschen Gesellschaft fanden, ob sie verschärft oder abgeschwächt oder übergangen wurden. Die Fliegermorde gehören – mit einem Wort – in den Kontext der Endphaseverbrechen, der noch längst nicht ganz ausgeleuchtet ist. Vereinzelte Fälle treten bereits im Sommer 1943 auf. Erst ab

---

[2] Vgl. Anlage zum Abkommen betreffend die Gesetze und Gebräuche des Landkriegs vom 18.10.1907: Ordnung der Gesetze und Gebräuche des Landkriegs, Kapitel 2, Artikel 4, in: Reichsgesetzblatt 1910, hrsg. vom Reichsamt des Inneren, Berlin 1910, S. 134; Abkommen über die Behandlung der Kriegsgefangenen vom 27.7.1929, Erster Titel, Artikel 2, in: Reichsgesetzblatt 1934, Teil 2, S. 233.
[3] Vgl. Lynchjustiz, in: Creifelds Rechtswörterbuch, hrsg. von Hans Kauffmann, München [12]1994, S. 761.

Mai 1944, also zu einem Zeitpunkt, als der „totale Krieg" seinem Ende entgegen ging und ein deutscher Sieg unwahrscheinlich geworden war, beginnen sich Übergriffe dieser Art zu häufen[4]. Allen Anschein nach schienen die Grenzen zwischen Tätern und Opfern angesichts der alliierten Bombardierungen immer mehr zu verschwimmen[5]; der Einzelne, der sein Hab und Gut verloren hatte oder – noch schlimmer – den Verlust von Freunden und Verwandten beklagen musste, sah sich vielfach als eigentlicher Leidtragender, als eigentliches und erstes Opfer des Krieges. Fielen deshalb alle Hemmungen? Nutzte man nun jedes Ventil, um seinem Hass und seinem Zorn Luft zu verschaffen? Indem man also den Blickwinkel auf die „Heimatfront" verschiebt, eröffnet sich auch die Möglichkeit, einen Beitrag zur Geschichte der Gewalt im Krieg zu leisten.

Darüber hinaus bietet sich durch die Untersuchung der von „oben" kommenden Befehle und Anordnungen aber auch die Gelegenheit, die herrschaftsgeschichtlichen Hintergründe der Fliegermorde zu prüfen und Verantwortlichkeiten zu klären. Bis zu welchem Zeitpunkt handelte man auf Befehl? Von wem kamen die Befehle und wie explizit fielen sie aus? Und gab es einen Moment, ab dem sich die Gewalttätigkeit gegenüber den Gefangenen quasi verselbstständigte? Hier wirft der Umgang mit den gefangenen Fliegern ein Schlaglicht auf die Funktionsweise der NS-Herrschaft gegen Ende des Krieges ebenso wie auf die Bindungskraft, die das Regime in den letzten Tagen des Zweiten Weltkrieges noch auszuüben vermochte. Unter diesem Blickwinkel ist auch danach zu fragen, ob man von einer Loyalitätskrise des Regimes sprechen kann. Akzeptierte der „einfache Mann" die Fliegerlynchmorde? Gab es Vorbehalte, Empfindlichkeiten, vielleicht auch Angst vor der Rache der Alliierten? Gab es Instanzen, die zur Nachsicht rieten – schon alleine wegen der großen Zahl deutscher Kriegsgefangener in alliierter Hand? Wer machte sich die Prämissen der staatlich verordneten Gewalt zu eigen und trug so zu einer weiter zunehmenden Brutalisierung des Krieges nach innen bei?

---

[4] Vgl. Barbara Grimm, Lynchmorde an alliierten Fliegern im Zweiten Weltkrieg. Unveröffentlichte Magisterarbeit an der Ludwig-Maximilians-Universität, München 2006, S. 17.

[5] Vgl. Benjamin Ziemann, „Vergesellschaftung der Gewalt" als Thema der Kriegsgeschichte seit 1914. Perspektiven und Desiderate eines Konzeptes, in: Erster Weltkrieg – Zweiter Weltkrieg. Ein Vergleich. Krieg, Kriegserlebnis, Kriegserfahrung in Deutschland, hrsg. von Bruno Thoß und Hans-Erich Volkmann, Paderborn u.a. 2002, S. 735 – 758, hier S. 751.

Der Stand der Forschung zu diesem Thema ist, um es vorsichtig auszudrücken, recht übersichtlich: Zwar werden die Morde an alliierten Fliegern in Gesamtdarstellungen zur Geschichte des Luftkrieges durchaus angesprochen. Ihnen bleiben aber meist nur mehr oder weniger ausführliche Randbemerkungen vorbehalten, von einigen wenigen Ausnahmen einmal abgesehen[6]. Deshalb stützt sich dieser Beitrag vor allem auf Prozessakten deutscher Gerichte, wie sie in der Editionsreihe „Justiz und NS-Verbrechen" zusammengestellt worden sind; das amerikanische Pendant hierzu, die „Law Reports of Trials of War Criminals", liefern dazu zahlreiche Ergänzungen. Darüber hinaus erwiesen sich bei der Suche nach weiteren Tötungsfällen Kurzzusammenfassungen der so genannten Review and Recommendation Files durch die Amsterdamer Stiftung zur Erforschung nationalsozialistischer Verbrechen als hilfreich, die auf den gleichnamigen Akten der Dachauer Prozesse in den National Archives in Washington beruhen[7]. Ergänzend dazu konnten in Einzelfällen die ausführlichen Originalunterlagen der Review and Recommendation Files herangezogen werden[8]. Für die Rekonstruktion der Rolle von Staat und Partei bei den Fliegermorden haben sich insbesondere die in den Akten des Nürnberger Prozesses und seiner Nachfolgeprozesse gesammelten einschlägigen Dokumente und Anordnungen so wie die Überlieferungen von Wehrmachtführungsstab, Sicherheitspolizei, SD und Reichskanzlei als ergiebig erwiesen. So ist es möglich, die Befehlsstrukturen, die im Hintergrund der Fliegermorde standen, verhältnismäßig gut, wenn auch nicht lückenlos, nachzuzeichnen.

---

[6] Vgl. Ralf Blank, Kriegsalltag und Luftkrieg an der „Heimatfront", in: Das Deutsche Reich und der Zweite Weltkrieg (künftig: DRZW), hrsg. von Jörg Echternkamp, Bd. 9: Die Deutsche Kriegsgesellschaft 1939 bis 1945, 1. Teilband: Politisierung, Vernichtung, Überleben, München 2004, S. 357–461; Helmut Schnatz, Lynchmorde an alliierten Fliegern, in: Franz W. Seidler/Alfred M. de Zayas (Hrsg.), Kriegsverbrechen in Europa und im Nahen Osten im 20. Jahrhundert, Hamburg 2002, S. 118–121; Irmtraud Permooser, Der Luftkrieg über München 1942–1945. Bomben auf die Hauptstadt der Bewegung, Oberhaching 1993, S. 301–305.
[7] http://www1.jur.uva.nl/junsv/JUNSVEng/DTRR/Dachau%20Trials%20start.htm (zuletzt aufgerufen am 1.5.2006).
[8] http://www.hhs.utoledo.edu/dachau/ (zuletzt aufgerufen am 1.5.2006).

Dimensionen des Verbrechens

Bei der Erforschung der Lynchmorde an alliierten Fliegern bereitet bereits die Frage nach der quantitativen Dimension Probleme: Eine zumindest annähernde Bestimmung gestaltet sich sehr schwierig, da die Akten der Alliierten, insbesondere der Amerikaner, keine genauen Zahlenangaben liefern – und man über die Dunkelziffer nur spekulieren kann. Wie viele der als „missing in action" kategorisierten Mitglieder von Bomberbesatzungen fielen der Lynchjustiz zum Opfer, wie viele starben schon beim Absturz ihrer Maschinen, wie viele erst hinterher, als sie sich eigentlich schon in Sicherheit hätten befinden müssen? Sicher ist lediglich, dass alleine in Dachau rund 200 so genannte Fliegerprozesse stattfanden[9], vor britischen und kanadischen Gerichten bis zum 1. Mai 1947 27; in der SBZ bzw. DDR kam es zu insgesamt acht Prozessen[10].

Seriöse Schätzungen gehen von einer Gesamtzahl von etwa 350 Lynchmorden aus[11]. Nachweisbar sind bisher rund 225 Fälle von Fliegermorden. Hinzu kommen noch etwa 60 Misshandlungen alliierter Flieger ohne Todesfolge. Kalkuliert man noch einmal rund 100 Fälle ein, die nicht oder nur unzureichend dokumentiert sind, so erscheinen 350 Morde insgesamt als durchaus realistisch.

Zu ersten Morden an alliierten Fliegern kam es im Zusammenhang mit der „Operation Gomorrha", den Bombenangriffen auf Hamburg: Am 25. Juli 1943 fielen zwei amerikanische Flieger nahe Lübeck der Lynchjustiz zum Opfer; für den selben Tag ist auch die Misshandlung eines abgestürzten Fliegers in Wulfsfelde dokumentiert[12]. Bis zum Mai des Folgejahres hielten sich Übergriffe gegen alliierte Bomberbesatzungen mit insgesamt acht nachweisbaren Mordfällen in Grenzen[13]. Danach ist bis September 1944 ein ansteigender Trend zu beobachten, wobei der vorläufige Höhepunkt an Gewalttaten gegenüber alliierten Fliegern für den Juli 1944 festzustellen ist: In diesem Monat kamen alleine 24 alliierte

---

[9] Vgl. Robert Sigel, Im Interesse der Gerechtigkeit. Die Dachauer Kriegsverbrecherprozesse 1945 – 1948, Frankfurt a. M./New York 1992, S. 113 ff.
[10] Vgl. Olaf Groehler, Bombenkrieg gegen Deutschland, Berlin 1990, S. 369.
[11] Vgl. Blank, Kriegsalltag, in: DRZW, Bd. 9/1, S. 450.
[12] Vgl. Lübeck, 25.7.1943: www.flieger-lynchmorde.de/Text/auflistung.htm; Wulfsfelde, 25.7.1944: Review and Recommendation Files, in: http://www1.jur.uva.nl/junsv/JUNSVEng/DTRR/Dachau%20Trials%20start.htm, Case-Nr. 12-2887 (US vs. Waldemar Freitag) (zuletzt aufgerufen am 1.5.06).
[13] Eine detaillierte Auflistung der zeitlichen und regionalen Verteilung der Fliegermorde findet sich bei Grimm, Lynchmorde.

Flieger durch Übergriffe von deutscher Seite zu Tode, zudem sind elf Misshandlungen dokumentiert. Im letzten Quartal des Jahres 1944 ging die Anzahl der Fliegermorde wieder leicht zurück, eine Entwicklung, die noch bis in den Januar 1945 anhielt. Im Februar und März des gleichen Jahres wies die Kurve aber wieder signifikant nach oben. Mit insgesamt 37 Mordfällen und 2 Misshandlungen stellt der März 1945 damit den absoluten Höhepunkt in der Geschichte der gewaltsamen Übergriffe auf alliierte Flieger dar.

Auch hinsichtlich der regionalen Verteilung der Fliegermorde lassen sich Schwerpunkte erkennen, wobei hier insbesondere die Häufung von Übergriffen auf alliierte Flieger im hessischen Raum auffällt: Zwischen Oktober 1944 und März 1945 sind insgesamt 28 Morde und 6 Misshandlungen nachzuweisen. Auch im Ruhrgebiet und der Gegend südlich von Wolfsburg fielen relativ häufig abgestürzte Flieger unkontrollierter Gewalt zum Opfer. Da die Morde und Misshandlungen rund um Essen, Duisburg und Bochum nicht im Zuge des „Battle of the Ruhr", den massiven Angriffen der britischen Luftwaffe auf das Ruhrgebiet zwischen März und Juli 1943, verübt wurden, sondern sich erst ab Oktober 1944 zu häufen begannen, scheint die naheliegendste Vermutung, dass Morde an alliierten Fliegern in einem direkten Zusammenhang mit der Heftigkeit vorangegangener Bombenangriffe stehen, die Realität zu verfehlen.

NS-Führung und Fliegermorde

Auf relativ sicherem Boden befindet man sich bei dem Versuch, die Rolle von Staat und Partei am Beispiel des Umgangs mit den alliierten Piloten näher zu beleuchten. Im Zentrum steht dabei die Frage, ob es jenseits der allgemeinen propagandistischen Hetze konkrete Anweisungen und Befehle gab, die zu Misshandlungen und Tötungen von gefangenen alliierten Fliegern aufriefen. Ab welchem Zeitpunkt begann man, sich über die Bestimmungen der Haager Landkriegsordnung und der Genfer Konvention bezüglich der Behandlung von Kriegsgefangenen hinwegzusetzen? Wer oder welche Stelle rief zu solchen Taten auf?

Die NS-Führung reagierte auf die Bombenangriffe zunächst nicht mit einem generellen Appell, abgestürzte alliierte Flieger rücksichtslos zu ermorden. In einem Merkblatt vom August 1942, also erst knapp zwei Jahre nach dem Beginn der Bombardierung von Zielen im Reich, nannte der Chef des Oberkommandos der Wehrmacht (OKW) Wilhelm Keitel die verantwortlichen Organisationen und Führungspersonen, die künftig im Falle eines Aufgreifens von feindlichen Fliegern bzw. Fallschirmspringern aktiv werden sollten[14]. Im Hintergrund stand dabei die Angst der NS-Führung vor feindlichen Spionen und Sabotageakten. Als zentrale Zuständigkeitsorgane erwiesen sich Keitels Anweisungen zufolge Sicherheitspolizei und SD, an die aufgegriffene Flieger umgehend überstellt werden mussten. Ein derartiges Vorgehen stellte einen klaren Bruch der Bestimmungen der Genfer Konvention über die Behandlung von Kriegsgefangenen dar, war doch für aufgegriffene feindliche Soldaten lediglich die Wehrmacht zuständig[15]. Allerdings hielt der Befehl Keitels auch fest: Sollte es sich „bei den […] gefaßten Fallschirmspringern um Soldaten handel[n], wird der Reichsführer SS und Chef der Deutschen Polizei veranlassen, daß sie nach Durchführung der notwendigen Erhebungen den zuständigen Dienststellen der Luftwaffe zugeführt werden", was dem feindlichen Soldaten somit den Status eines Kriegsgefangenen eingebracht hätte.

Auch Hitler selbst schaltete sich in die Frage nach der Behandlung und dem Status aufgegriffener Feindflieger ein. Eine aus dem Oktober 1942 stammende Weisung des „Führers", die sich auf die so genannten „Sabotagetrupps der Briten und ihren Helfershelfern" bezog, hielt fest, in welchen Fällen gefangene Flieger als Kriegsgefangene einzustufen waren und wann nicht:

„Von jetzt ab sind alle bei sogenannten Kommandounternehmungen in Europa oder in Afrika von deutschen Truppen gestellte Gegner, auch wenn es sich äußerlich um Soldaten in Uniform oder Zerstörertrupps mit und ohne Waffen handelt, im Kampf oder auf der Flucht bis zum letzten Mann niederzumachen. Es ist dabei ganz gleich, ob sie zu ihren Aktionen durch Schiffe und Flugzeuge angelandet werden oder mittels Fallschirmen abspringen. […] Jede Verwahrung unter militärischer Obhut, z. B. in Kriegsgefangenenlagern usw. ist, wenn auch nur vorübergehend gedacht, strengstens verboten."[16]

---

[14] Geheimes Merkblatt, OKW an Wehrmachtsführungsstab (WFSt), Betreff: Bekämpfung einzelner Fallschirmspringer, 4.8.1942, in: Archiv des Instituts für Zeitgeschichte München-Berlin (künftig: IfZ-Archiv), Nürnberger Dokumente, PS 553.
[15] Vgl. Abkommen über die Behandlung der Kriegsgefangenen vom 27.7.1929, Erster Titel, Artikel 2, und Dritter Titel, Artikel 45, in: Reichsgesetzblatt 1934, Teil 2, S. 233.
[16] Geheime Kommandosache, Führerhauptquartier, 18.10.1942, in: Walther Hubatsch (Hrsg.), Hitlers Weisungen für die Kriegführung 1939–1945. Dokumente des Oberkommandos der Wehrmacht, Koblenz ²1983, S. 206–209.

Wie das OKW unterschied auch Hitler klar zwischen denjenigen Fliegern, die in der Absicht abgesprungen waren, im Feindesland Spitzel- und Spionagedienste zu leisten, und den „nach Kämpfen in der Luft durch Fallschirmabsprung ihr Leben zu retten versuchenden feindlichen Soldaten". Letzteren blieb auch weiterhin der Status eines Kriegsgefangenen und damit eine rechtlich geregelte Behandlung zugesichert, wohingegen laut Hitler abgesprungenen Spionen auch dann, „wenn diese Subjekte bei ihrer Auffindung scheinbar Anstalten machen sollten, sich gefangen zu geben, [...] grundsätzlich jeder Pardon zu verweigern" war. In den folgenden Monaten verschärfte sich die Einstellung zu abgeschossenen alliierten Fliegern zunehmend. Dreh- und Angelpunkt der internen Debatten von Wehrmachtführungsstab, OKW und Wehrmachtsrechtsabteilung war die Frage, in welchen Fällen aufgegriffene Flieger und Fallschirmspringer als Kriegsgefangene kategorisiert werden sollten und in welchen Fällen „im Interesse der Sicherheit der besetzten Gebiete und des Heimatkriegsgebietes alle in Zivilkleidung ergriffenen Flieger nicht als Kriegsgefangene, sondern als Freischärler zu betrachten" seien[17]. Wohl zur gleichen Zeit, als in der militärischen Führung die Diskussion über die Kategorisierung gefangener Flieger als Kriegsgefangene schwelte, hatte sich in der deutschen Bevölkerung augenscheinlich viel Unmut darüber angestaut, dass feindlichen Fliegern weiterhin ein Soldatenbegräbnis mit allen militärischen Ehren zugestanden wurde[18]. Um der Provokation, die von derartigen Beisetzungen offenkundig für die Bevölkerung ausging, die Spitze zu nehmen, ließ das OKW verlauten, dass „die bisherige Form der Ehrung abgeschossener feindlicher Flieger" mit Rücksicht auf die Bevölkerung nicht mehr beibehalten werde und die „Erweisung militärischer Ehren [...] auf ein Mindestmass zu beschränken" sei[19].

Bis zum Sommer 1943 scheint das Völkerrecht als Legitimationsquelle entscheidend an Bindungskraft verloren und sich die

---

[17] Geheime Kommandosache, Schreiben OKW/Chef Kriegsgef. an WFSt, 16.12.1942, in: IfZ-Archiv, Nürnberger Dokumente, PS 528.
[18] Vgl. SD-Berichte zu Inlandsfragen vom 22.7.1943 (Rote Serie), in: Heinz Boberach (Hrsg.), Meldungen aus dem Reich. Die geheimen Lageberichte des Sicherheitsdienstes der SS 1938–1945, Bd. 14, Herrsching 1984, S. 5515–5518, S. 5526f.
[19] LK-Mitteilung Nr. 63, Reichsministerium für Volksaufklärung und Propaganda an alle Gauleiter u. a., 10.11.1943, in: Bundesarchiv Berlin, R 55/447.

Einstellung zu gefangenen Fliegern gravierend geändert zu haben, denn nun begann die eigentliche Hetze gegen abgestürzte oder abgeschossene alliierte Flieger. Im August 1943 wies der Reichsführer-SS alle Höheren SS- und Polizeiführer an, dass „es nicht Aufgabe der Polizei [sei], sich in Auseinandersetzungen zwischen deutschen Volksgenossen und abgesprungenen englischen und amerikanischen Terrorfliegern einzumischen"[20]. Verstärkt wurde die Durchschlagskraft dieser Aufstachelung knapp acht Monate später, im April 1944, durch einen Runderlass des Chefs der Sicherheitspolizei Ernst Kaltenbrunner, der Bestrafungen bis hin zur Einweisung in Konzentrationslager für diejenigen Deutschen androhte, die sich gegenüber gefangenen Fliegern als zu freundlich und, wie es in dem Schreiben hieß, „würdelos" zeigten[21]. Ende Mai 1944 ließ Bormann in einem geheimen Rundschreiben an Reichsleiter, Gauleiter, Verbändeführer und Kreisleiter wissen, dass es mehrfach vorgekommen sei, „daß abgesprungene oder notgelandete Besatzungsmitglieder [...] unmittelbar nach der Festnahme durch die auf das Äußerste empörte Bevölkerung an Ort und Stelle gelyncht wurden. Von polizeilicher und strafgerichtlicher Verfolgung der dabei beteiligten Volksgenossen wurde abgesehen."[22] Implizit konnte dies als Anweisung verstanden werden, auch in Zukunft in diesem Sinne zu verfahren – so zumindest lässt sich die Tatsache interpretieren, dass Bormanns Rundschreiben mündlich auch an die Ortsgruppenleiter weitergegeben werden sollte. Dass der Befehl tatsächlich in dieser Weise verstanden wurde, bestritt auch der Gauleiter von Hamburg, Karl Kaufmann, vor dem Internationalen Militärgericht in Nürnberg nicht. Er meinte sogar, die Zielrichtung von Bormanns Anordnung, nämlich die Ermutigung zur Nichteinmischung bei Lynchfällen, sei „klar aus dem Wortlaut" hervorgegangen[23].

Zeitgleich ließ auch Goebbels in einem Leitartikel im Völkischen Beobachter keinen Zweifel daran, dass die Alliierten angesichts der Art ihrer Kriegführung nicht mit einer humanen Behandlung ihrer Kriegsgefangenen rechnen könnten. Denn es sei „zuviel ver-

---

[20] Vgl. geheimes Rundschreiben Reichsführer-SS an alle Höheren SS- und Polizeiführer, 10.8.1943, in: IfZ-Archiv, Nürnberger Dokumente, R 110.
[21] Rundschreiben Chef Sipo und SD vom 5.4.1944, in: Ebenda, PS 3855.
[22] Geheimes Rundschreiben Partei-Kanzlei 125/44g, 30.5.1944, in: Ebenda, PS 057.
[23] Internationaler Militärgerichtshof Nürnberg (Hrsg.), Der Prozess gegen die Hauptkriegsverbrecher vor dem Internationalen Militärgerichtshof, Bd. XX, Nürnberg 1948, S. 64.

langt, wenn man von uns fordere, daß wir deutsche Soldaten zum Schutz für Kindermörder einsetzen gegen die von rasender Wut ergriffenen Eltern, die gerade ihr kostbarstes Gut durch den brutalen Zynismus des Feindes verloren haben, zur Selbstwehr schreiten. [...] Es erscheint uns kaum möglich und erträglich, deutsche Polizei und Wehrmacht gegen das deutsche Volk einzusetzen, wenn es Kindermörder behandelt, wie sie es verdienen."[24]

Goebbels' Artikel vom Mai 1944 markierte eine Zäsur. Erstmals verließ das Regime mit dieser in Goebbels' Augen „sensationell wirkenden"[25] Veröffentlichung den Bereich der internen Befehle und Anordnungen und versuchte, das Thema „Lynchmord" offensiv an die Öffentlichkeit zu bringen. Wenn auch in etwas verklausulierter Weise stellte Goebbels quasi eine Art Freibrief für die Ermordung feindlicher Flieger aus. Zwar sind in dem Artikel keinerlei Andeutungen zu finden, dass Übergriffe ohne strafrechtliche Konsequenzen bleiben würden, dennoch ist die Billigung von Lynchmorden offenkundig. Goebbels' radikaler Kurs fand nicht zuletzt auch beim Wehrmachtführungsstab Unterstützung, wohl auch deswegen, weil man dort hoffte, durch die Lynchmorde bei den Alliierten „die bezweckte Abschreckung vor weiteren Mordtaten gegen die eigene Zivilbevölkerung" zu erreichen[26]. In diesem Sinne erließ auch die zivile Verwaltung noch im Februar 1945 strikte Anweisungen, wie mit gefangenen Fliegern zu verfahren sei. In einem Befehl des Gauleiters von Westfalen-Süd, Albert Hoffmann, an alle Landräte, Oberbürgermeister, Polizeioberste und Volkssturmmänner hieß es: „Sämtliche Jabo-Piloten, die abgeschossen werden, sind grundsätzlich der Volksempörung nicht zu entziehen."[27]

Tat und Täter

Nach der statistischen Erfassung von Lynchmorden und der Untersuchung der offiziellen Haltung gegenüber diesen Vorfällen

---

[24] Vgl. Joseph Goebbels, Ein Wort zum feindlichen Luftterror, in: Völkischer Beobachter, Süddeutsche Ausgabe A, 28./29.5.1944, S. 1.
[25] Eintrag vom 29.5.1944, in: Die Tagebücher von Joseph Goebbels, Teil II: Diktate 1941–1945. Im Auftrag des Instituts für Zeitgeschichte und mit Unterstützung des Staatlichen Archivdienstes Rußlands hrsg. von Elke Fröhlich, 15 Bde., München u.a. 1993ff., Bd. 12: April–Juni 1944, S. 364.
[26] Vgl. Vortragsnotiz, Betreff: Behandlung der feindlichen Terrorflieger, 6.6.1944, in: IfZ-Archiv, Nürnberger Dokumente, PS 735.
[27] Rundschreiben Gauleiter Westfalen-Süd, Albert Hoffmann, 25.2.1945, in: Ebenda, L 154.

soll eine systematische Kategorisierung der Übergriffe versucht werden. Welche Personen waren beteiligt? Waren die Täter einfache Bürger, NS-Funktionsträger oder Wehrmachtsangehörige? Welche Formen von Gewalt lassen sich feststellen? Ziel ist dabei vor allem, die Spezifika von Tatabläufen und Tätergruppen herauszuarbeiten und daraus – nach Möglichkeit – Rückschlüsse auf Motivationen sowie Befehls- und Handlungsstränge zu ziehen. Der erste Verdacht, dass Fliegerlynchmorde das Resultat von Hass- und Zornesausbrüchen der Bevölkerung waren, dass es also buchstäblich der Bauer auf dem Felde war, der mit seiner Mistgabel auf einen abgeschossenen Flieger losging, um Rache für das Leid zu üben, das ihm selbst, seiner Familie oder seinem Bekanntenkreis durch die Bombardierungen zugefügt worden war, scheint sich nicht zu bestätigen. Treibende Kraft bei den Morden waren die NSDAP und ihre Basiseliten. Vor allem die Kreisleiter und deren Vertreter trugen hier große Verantwortung. Sie beschränkten sich nicht auf propagandistische Hetze oder die Ausgabe von Befehlen an die ihnen unterstellten Parteiinstanzen, sondern sorgten eigenhändig dafür, dass gefangene Flieger umgebracht wurden. Ein Paradebeispiel hierfür ist der Fliegermord von Bad Neustadt an der Saale[28]. Hier wurde am 29. September 1944 ein amerikanischer Flieger aufgegriffen und in die nächste Polizeistation gebracht, wo ihn wenig später der zuständige Kreisleiter und dessen Stellvertreter abholten, um den Gefangenen persönlich in die Kriminalpolizeistelle Bad Kissingen zu überführen. Nur wenige Minuten nach der Abfahrt hielt der Wagen an, der Flieger musste aussteigen und wurde von hinten erschossen. Typisch an diesem Fall ist erstens, dass der Gefangene nicht unmittelbar nach seiner Festsetzung umgebracht wurde. Typisch für den Tatverlauf ist zweitens, dass der Kreisleiter sich persönlich und aktiv in die Geschehnisse einschaltete, und dass, drittens, der Flieger von hinten erschossen wurde. Auf diese Art und Weise konnte man später behaupten, der Gefangene sei „auf der Flucht erschossen" worden. Gerade die Tatsache, dass es der Kreisleiter und sein Stellvertreter waren, die sich um die Liquidierung des Gefangenen kümmerten, unterstreicht einmal mehr die besondere Bedeutung lokaler Funktionsträger für das Gewaltregime des Dritten Reiches, dessen Basis und Fundament die NSDAP war. Armin Nolzen trifft es also sehr genau, wenn er insbesondere die Kreisleiter als „Dreh- und

---

[28] Bayerisches Hauptstaatsarchiv (künftig: BayHStA), Dachauer Kriegsverbrecherprozesse, 177/1, 177/2.

Angelpunkt der Gewalt" charakterisiert[29]. Sie vertraten eine Partei, die ihre Hauptaufgabe in der ideologischen und propagandistischen Mobilisierung der Bevölkerung sah[30], und deshalb war es nur folgerichtig, dass sie selbst auch beim Umgang mit abgeschossenen alliierten Fliegern mit „gutem Beispiel" vorangingen.

Eine weitere Gruppe, die bei den Fliegerlynchmorden aktiv wurde, steht zumindest in institutioneller Hinsicht in keiner unmittelbaren Verbindung zur NSDAP, wenngleich eine ideologische Nähe auch hier sicher oft stark ausgeprägt war. Gemeint sind die Kriminalpolizei und die Gestapo, die in zahlreichen Fällen ihrem üblen Ruf gerecht wurden. Beispielhaft sei hier nur der Fliegermord von Sommerhausen erwähnt, bei dem ein britischer Flieger am 18. März 1945 durch einen Angehörigen der Kriminalpolizei erschossen und die Leiche in den Main geworfen wurde[31]. Weniger in Erscheinung trat dagegen die lokale Polizei, die sich primär um die Festsetzung und den Transport abgestürzter Flieger zu den nächst höheren Polizeidienststellen oder in die zuständigen Kriegsgefangenenlager kümmerte. Misshandlungen waren dabei nicht ausgeschlossen, zu Mördern wurden die Ortspolizisten aber nur in Einzelfällen.

Seltener beteiligt waren bei den Fliegermorden die Angehörigen der Wehrmacht. Dies mag zum einen am soldatischen Selbstverständnis gelegen haben, das eigentlich die Misshandlung und Tötung gefangener feindlicher Soldaten ächtete. Dass die Bindungskraft dieser Moralvorstellungen aber durchaus unterschiedlich stark ausgeprägt war, zeigt sich nicht nur an der Tatsache, dass es in vereinzelten Fällen eben doch auch Wehrmachtssoldaten waren, die feindliche Flieger umbrachten, sondern im weiteren Sinne auch am Verhalten der Soldaten gegenüber Kriegsgefangenen an der Ostfront. Zum zweiten kann die relative Zurückhaltung der Wehrmachtsangehörigen bei Fliegermorden vermutlich auch durch den Vorsatz erklärt werden,

---

[29] Armin Nolzen, Funktionäre in einer faschistischen Partei. Die Kreisleiter der NSDAP, 1932/33 bis 1944/45, in: Till Kössler/Helke Stadtland (Hrsg.), Vom Funktionieren der Funktionäre. Politische Interessenvertretung und gesellschaftliche Integration in Deutschland nach 1933, Essen 2004, S. 37–75, hier S. 67.
[30] Vgl. ebenda, S. 65.
[31] Vgl. BayHStA, Dachauer Kriegsverbrecherprozesse, 177/5; Review and Recommendation Files, Case-Nr. 12-3193B, 12-1034-1, 12-1262, 12-2701, 000-12-63 (US vs. Georg Baumann et al.), in: http://www.hhs.utoledo.edu/dachau/12-3193-B.pdf (zuletzt aufgerufen am 1.5.2006).

die Verantwortung für das Schicksal der gefangenen Flieger in andere Hände zu legen. Hier war sicher, wie bei der allgemeinen Polizei auch, ein gewisses Maß an „Augen-zu"-Mentalität vorhanden, eine Duldung der Geschehnisse, solange man nicht selbst Hand anlegen musste.
Die Rolle der Bevölkerung bei den Fliegermorden darf jedoch auch nicht als gänzlich marginal eingeschätzt werden. Bei einer Reihe von Fliegermorden war es die lokale Gesellschaft, die sich der Ermordung gefangener alliierter Flieger schuldig machte. Dabei lassen sich zwei Verhaltensmuster unterscheiden: der Übergriff durch den „wütenden Mob" wie im Falle der Fliegermorde von Rüsselsheim und die Exzesstat eines Einzelnen, wie es im rheinland-pfälzischen Preist der Fall war. Hier stürzte sich der 35-jährige Peter Back auf einen abgestürzten Flieger und streckte diesen mit einer Waffe nieder[32]. Festzuhalten ist dabei, dass es bei diesen Fällen wohl hauptsächlich persönliche Motive waren, die im Vordergrund standen. Verzweifelte Kompensationshandlungen dürften bei Misshandlungen aufgegriffener Flieger ebenso mitgespielt haben wie das Bedürfnis, durch aktiven körperlichen Einsatz eigene angestaute Aggressionen loszuwerden. Dies schließt aber nicht aus, dass auch die nationalsozialistischen Hetzparolen gegen die „Terrorflieger" diese Ausbrüche der Gewalt mitbewirkt haben.
Zusammenfassend seien noch skizzenhaft einige Thesen präsentiert, die sich im Laufe der Recherchen zu den Fliegerlynchmorden ergeben haben:
Die Übergriffe auf abgestürzte alliierte Flieger waren im Regelfall keine Racheakte für unmittelbar vorangegangene Bombenangriffe. Aufgestachelt durch die Vergeltungspropaganda des Regimes dienten die Angriffe letztlich vor allem als willkommene Anlässe, um der wachsenden Brutalisierung und Radikalisierung ein Ventil zu geben. Täter waren in der Regel nationalsozialistische Funktionsträger, die keine Scheu davor hatten, selbst Hand anzulegen. Der Lynchmord im Sinne sich selbstmobilisierender Kommunen und Stadtviertel war dagegen die Ausnahme. Der Umgang mit abgestürzten Fliegern wirft auch ein Schlaglicht auf den Zustand der Gesellschaft gegen Kriegsende. Gerade bei Funktionsträgern scheint die Bindung an die Führung auch in der Kriegsendphase noch so eng gewesen zu sein, dass sie nicht zöger-

---

[32] Vgl. Review and Recommendation Files, Case-Nr. 12-2422, in: http://www.hhs.utoledo.edu/dachau/12-2422.pdf; Review and Recommendation Files, Case-Nr. 12-2422-1, in: http://www.hhs.utoledo.edu/dachau/12-2423-1.pdf (zuletzt aufgerufen am 1.5.2006).

ten, die entsprechenden Schlüsse aus der Hetze von „oben" zu ziehen. Da nur bei wenigen Fällen tatsächlich „Volksjustiz" verübt wurde, also die wütende Bevölkerung gegen die Flieger vorging, liegt der Schluss nahe, dass der „einfache Mann" die staatlich propagierte Möglichkeit ungestrafter Lynchjustiz nicht kannte oder bewusst ignorierte. Nach den Beweggründen für eine derartige Zurückhaltung muss noch gefragt werden. Denkbar wäre aber beispielsweise die Furcht vor einer ähnlichen Behandlung der deutschen Kriegsgefangenen durch die Alliierten oder die Sorge vor möglichen Konsequenzen im Falle eines alliierten Sieges. Hitler irrte sich also, als er die „Hunderttausend von Ausgebombten" als „Avangarde [sic] der Rache" bezeichnete[33]. Dennoch zeugen auch diese wenigen Fälle von Fliegermorden durch die zivile Bevölkerung von jener wachsenden Radikalisierung der Gewalt in der Gesellschaft, die so typisch war für die Schlussphase des Regimes. Erste Fliegermorde können etwa ab Juli 1943 belegt werden. Ausgehend von allen erfassten Fällen im Deutschen Reich sind Höhepunkte der Gewalt im Juli und September 1944 zu verzeichnen. Möglich wäre hier, dass gerade der einschlägige Artikel von Goebbels im Völkischen Beobachter Ende Mai einen ersten „Boom" an Fliegerlynchmorden ausgelöst hat. Dazu würde ein SD-Bericht passen, der meldet, der Reichsminister habe der Bevölkerung „direkt aus dem Herzen" gesprochen[34]. Danach geht die Anzahl der Übergriffe zurück, erfährt aber im März 1945 noch einmal einen absoluten Höchstwert.

Der eingangs geschilderte Überfall auf die acht amerikanischen Flieger in Rüsselsheim stellt also einen der wenigen Fälle dar, bei dem der Begriff „Lynchjustiz" im Sinne einer Vergeltungstat durch die aufgebrachte Volksmenge tatsächlich treffend ist. Da aber diese Art des Übergriffes eher als Ausnahme angesehen werden muss, ist zu überdenken, inwieweit der Begriff „Fliegerlynchjustiz" für Vorfälle dieser Art überhaupt anwendbar ist und den tatsächlichen Charakter der Taten trifft oder ob nicht dadurch eher Verantwortlichkeiten verwischt und falsche Assoziationen geweckt werden.

---

[33] Vgl. Rede Adolf Hitlers im Löwenbräukeller München, 8.11.1943, in: Max Domarus (Hrsg.), Hitler. Reden und Proklamationen 1932 – 1945. Kommentiert von einem deutschen Zeitgenossen, Bd. 2: Untergang (1939 – 1945), Würzburg 1963, S. 2056.
[34] SD-Berichte zu Inlandsfragen vom 1.6.1944 (Grüne Serie), in: Boberach (Hrsg.), Meldungen, Bd. 17, S. 6563 – 6567, hier S. 6566.

Nicole Kramer
„Kämpfende Mütter" und „gefallene Heldinnen" – Frauen im Luftschutz

„Als begeistertes B.d.M. Mädel hatte ich mich schon sehr früh als Laienhelferin beim Luftschutz beworben und dort auch als Freiwillige Unterricht und Prüfung gemacht, nun war Krieg. Da war es selbstverständlich für mich, nachdem ich inzwischen 18 Jahre alt war, mich als freiwillige Rotkreuzhelferin zu melden."[1] Dass sich Frauen nach 1945 so wie Betty W. als überzeugte und stets einsatzbereite „Volksgenossinnen" beschrieben, ist alles andere als selbstverständlich. In der Regel dominiert in ihren Erfahrungsberichten über den Zweiten Weltkrieg das Bild der passiven Dulderin[2]. Die Erlebnisse, die Betty W., schildert sind jedoch typisch für die weibliche Bevölkerung in den Städten: Zu ihrem Alltag gehörten die Flucht in den Bunker, der Verlust von Hab und Gut, die Konfrontation mit dem Tod und auch der Einsatz zur Bewältigung der Luftkriegsfolgen.

Betty W. verbrachte die gesamte Dauer des Zweiten Weltkriegs in Nürnberg und erlebte alle Luftangriffe auf die mittelfränkische Stadt mit. Das Haus ihrer Eltern wurde im August 1943 samt der dazugehörigen Bäckerei zerstört. Betty W. war sowohl im zivilen Luftschutz als auch im Dienst des Deutschen Roten Kreuzes tätig. Nach Luftangriffen half sie, Brandbomben im eigenen und benachbarten Haus zu löschen, dann eilte sie zur zuständigen NSDAP-Ortsgruppe, wo sie für die Versorgung von Verletzten und die Betreuung von Ausgebombten eingeteilt war. Unmittelbar nach einer der ersten schweren Bombardierungen Nürnbergs

---

[1] Betty W., Meine Kriegserlebnisse als Rotkreuz-Schwester und Schwesternhelferin, Januar 2004, in: Stadtarchiv Nürnberg (künftig: StadtAN), F 19. Die Untersuchung von Frauen im zivilen Luftschutz ist Teil meines Dissertationsprojektes „Frauen an der ‚Heimatfront'. Die NS-Kriegsgesellschaft in geschlechtergeschichtlicher Perspektive", das typische Lebenslagen der weiblichen Bevölkerung im Krieg – Tod des Ehemannes, Scheidung, Evakuierung, Verlust von Hab und Gut im Luftkrieg – in den Blick nimmt.
[2] Als Beispiel für eine gedruckte Sammlung von Erfahrungsberichten von Frauen über die Zeit des Zweiten Weltkriegs sei genannt Margarete Dörr, „Wer die Zeit nicht miterlebt hat…" Frauenerfahrungen im Zweiten Weltkrieg und in den Jahren danach, 3 Bde., Frankfurt a.M./New York 1998.

zeichnete der stellvertretende Gauleiter Frankens, Karl Holz, sie für ihren Einsatz bei der Bergung von 21 Menschen aus einem verschütteten Keller aus. Betty W. erhielt als erste DRK-Helferin in Nürnberg das Kriegsverdienstkreuz[3].

Um Frauen, die wie Betty W. zur Bewältigung der Luftkriegsfolgen im Deutschen Reich, speziell im zivilen Luftschutz, eingesetzt waren, soll es im Folgenden gehen. Wie veränderte sich die Rolle von Frauen im Krieg, als sie durch die Luftangriffe unmittelbar in die Kampfhandlungen einbezogen wurden? Welche Weiblichkeitsbilder entwickelte die NS-Propaganda angesichts der neuen Herausforderung des Luftkriegs? Wie wurde der Einsatz von Frauen im Luftschutz propagandistisch begleitet? Wie deutete die NS-Führung den Tod von Frauen bei Luftangriffen? Im Mittelpunkt steht, kurz gesagt, die Frage, inwieweit die Luftangriffe die geschlechtsspezifischen Rollenzuweisungen an Frauen im Krieg und ihr Verhältnis zum NS-Staat veränderten.

Der Selbstschutz als Aufgabe der Frauen

Im August 1939 erklärte das Oberkommando der Wehrmacht angesichts der Reichweite der feindlichen Luftwaffe das gesamte Reichsgebiet zum Kriegsgebiet[4]. Lange vor Beginn des Zweiten Weltkriegs hatte sich die Einsicht durchgesetzt, dass eine künftige militärische Auseinandersetzung auch in der Luft geführt werden würde. In Deutschland, wie in nahezu allen europäischen Staaten, war der zivile Luftschutz daher ein zentrales Thema. Die Mobilisierung der Zivilbevölkerung wurde von den Militärstrategen als wichtige Aufgabe erkannt, denn sie war von der Gefahr aus der Luft unmittelbar betroffen und die Verteidigung des Landes oblag damit nicht mehr nur den Soldaten. Unter der Leitung des 1933 neu gegründeten Reichsluftfahrtministeriums erfolgte ein dreigliedriger Aufbau der strategischen Luftverteidigung aus Jägern, Flak und zivilem Luftschutz[5]. Die militärische

---

[3] Vgl. Betty W., Meine Kriegserlebnisse als Rotkreuz-Schwester und Schwesternhelferin, Januar 2004, in: StadtAN, F 19; Julius Streicher an Betty W., 23.12.1943, in: Ebenda.
[4] Vgl. „Begriffsbestimmung für die im Kriege abzugrenzenden Teile des Kriegsgebietes" des Oberkommandos der Wehrmacht, 28.8.1939, in: Bundesarchiv-Militärarchiv Freiburg (künftig: BA-MA), RW 16 Nr. 5.
[5] Bernd Lemke, Luftschutz in Großbritannien und Deutschland 1923 bis 1939. Zivile Kriegsvorbereitungen als Ausdruck der staats- und gesellschaftspolitischen Grundlagen von Demokratie und Diktatur, München 2005, S. 244.

Bedrohung des Reichsgebiets veränderte auch die Erwartungen an die Frauen im Krieg. 1941 zog eine Vertreterin der NS-Frauenschaft auf einem Gemeinschaftsabend im schwäbischen Böhringen folgende Konsequenzen aus dem aktuellen Kriegsverlauf: „Mehr denn je ist auch die Heimat Kampfgebiet, Front geworden. In Abwesenheit der Männer haben die Frauen die Verpflichtung, die Güter der Heimat vor Schaden zu schützen."[6] Der Einsatz im zivilen Luftschutz brachte die neue Anforderung an die weibliche Bevölkerung am deutlichsten zum Ausdruck.

Der zivile Luftschutz basierte zu einem großen Teil auf der Indienstnahme der Bevölkerung für den Werk- und Selbstschutz. Letzterer zielte auf den Schutz des Einzelnen vor den Luftangriffen und ihren Folgen und stellte damit die unterste Ebene der Vorbereitungen auf die Gefahr aus der Luft dar. Die Regeln des zivilen Luftschutzes zum Alltagswissen der Massen zu machen und diese für die Mitarbeit zu gewinnen, war eine wichtige Voraussetzung für die erfolgreiche Durchführung des Selbstschutzes; diese Aufgabe fiel dem Reichsluftschutzbund (RLB) zu[7]. Anfangs basierte der Selbstschutz auf dem Prinzip der Freiwilligkeit. Um eine flächendeckende Mobilisierung zu erreichen, musste das NS-Regime mit dem Luftschutzgesetz von 1935 jedoch die Luftschutzdienstpflicht einführen[8]. Alle Deutschen konnten demnach zum Selbstschutz herangezogen werden, es sei denn, sie waren anderweitig, beispielsweise im Werkluftschutz, eingesetzt oder mussten aufgrund ihres Gesundheitszustandes zurückgestellt werden. Bereits das wenige Monate zuvor erlassene Wehrgesetz ermöglichte es, Frauen wie Männer „zur Dienstleistung für das Vaterland" zu verpflichten[9]. Das Luftschutzgesetz entfaltete durch die Heranziehung der weiblichen Bevölkerung als Selbstschutzkräfte bereits vor Kriegsbeginn beträchtliche Wirkungen. Ihm den Charakter eines allgemeinen Wehrpflichtgesetzes für die Zivilbevölkerung zuzusprechen, würde jedoch zu weit führen[10]. Die Möglichkeiten, sich der Luftschutzdienstpflicht zu entziehen, waren vergleichsweise groß, und eine Verweigerung

---

[6] Iller-Rottachbote, Nr. 51, 1.3.1941, in: BA-MA, RL 41 Nr. 8.
[7] Vgl. Lemke, Luftschutz, S. 251f. Erich Hampe, Der Zivile Luftschutz im Zweiten Weltkrieg. Dokumentation und Erfahrungsberichte über Aufbau und Einsatz, Frankfurt a. M. 1963, S. 430.
[8] Vgl. Luftschutzgesetz vom 26.6.1935, in: Reichsgesetzblatt (künftig: RGBl) 1935, Teil I, S. 827.
[9] Wehrgesetz vom 21.5.1935, in: RGBl 1935, Teil I, S. 609.
[10] Lemke interpretiert das Luftschutzgesetz als allgemeine Wehrpflicht für die Zivilbevölkerung; siehe Lemke, Luftschutz, S. 277.

wurde nicht mit gleicher Strenge sanktioniert wie ein Verstoß gegen die Wehrpflicht. Auf der Grundlage polizeilicher Verordnungen wurde ein Teil der Bevölkerung als aktive Selbstschutzkräfte – Luftschutzwart, Hausfeuerwehr, Laienhelferinnen und Melder – herangezogen. Der Einsatzort des Selbstschutzes war das Wohnhaus, das es ebenso zu schützen und zu verteidigen galt wie seine Bewohner[11]. Als Selbstschutzkräfte kamen nur Personen in Frage, die nicht regelmäßig außer Haus waren. Wehrmachtssoldaten schieden also ebenso aus wie Berufstätige, die in der Regel zum Luftschutz im Betrieb verpflichtet waren. Die Heranziehung von Frauen, vor allem von Hausfrauen, war unumgänglich. Ihr Einsatz lag in der Logik des Selbstschutzes. Sie waren nicht nur als Laienhelferinnen, sondern auch als Mitglieder der Hausfeuerwehr, Melder und Luftschutzwarte tätig[12].

Die Propagandatätigkeit des RLB zielte denn auch von Anfang an auf die Mobilisierung von Frauen. Regelmäßig ergingen Aufrufe an die weibliche Bevölkerung, sich dem Luftschutz zur Verfügung zu stellen. In der „Sirene", dem reich bebilderten Presseorgan des RLB, nahmen Frauen großen Raum ein: In Friedenszeiten wurden Amtsträgerinnen vorgestellt, außerdem berichtete man von den Frauenlehrgängen an Luftschutzschulen. Im Krieg verschob sich der Schwerpunkt der Berichterstattung. Beispiele weiblicher Selbstschutzkräfte, die während eines Luftangriffs „ihren Mann" gestanden hatten, füllten nun die Seiten der „Sirene". In jedem Block, in Revier-, Orts- und Landesgruppen – die Organisationsstruktur des RLB orientierte sich an der NSDAP – gab es Sachbearbeiterinnen, die für die Werbung und die Ausbildung von Frauen im Luftschutz zuständig waren[13].

Die gezielt auf Frauen ausgerichtete Werbung zeigte Wirkung: Der RLB war neben der NS-Frauenschaft, der Nationalsozialistischen Volkswohlfahrt und dem Reichsarbeitsdienst eine der wichtigsten Organisationen zur Mobilisierung von Frauen[14]. Die Ortsgruppe Bad Lauterbach in Niedersachsen meldete bereits 1935, dass

---

[11] Vgl. Hampe, Ziviler Luftschutz, S. 433; in § 9 der 1. DVO zum Luftschutzgesetz vom 4.5.1937, in: RGBl 1937, Teil I, S. 827, war die Heranziehung zur Luftschutzdienstpflicht geregelt.
[12] Vgl. Hampe, Ziviler Luftschutz, S. 430.
[13] Dienstanweisung für die Arbeit der Frau im RLB, 9.12.1938, in: BA-MA, RL 41 Nr. 26.
[14] Siehe dazu auch die Broschüre „Frauenaufgaben im Krieg", bearb. von Ruth Hildebrandt, 1939, in: Bundesarchiv Berlin (künftig: BA Berlin), NS 44 Nr. 46.

50 Prozent der Luftschutzwarte Frauen seien[15]. Wenngleich dies sicherlich nicht auf alle Ortsgruppen zutraf, zeigt dieses Beispiel doch, dass der weibliche Luftschutzwart keine Ausnahme war. Der Anteil der Frauen unter den aktiven Selbstschutzkräften stieg mit der zunehmenden Einberufung der Männer im Krieg an, und so konnte es auch durchaus, wie die Unterlagen der RLB-Ortsgruppe Trier zeigen, rein weibliche Luftschutzgemeinschaften geben[16]. Darüber hinaus fungierten Frauen auch als Amtsträgerinnen des RLB – als Blockhelferin, Untergruppenführerin oder Sachbearbeiterin für Frauenfragen. Sie übernahmen allerdings hauptsächlich ehrenamtliche Funktionen, mit Ausnahme der Ausbilderinnen an Luftschutzschulen, die für ihre Tätigkeit bezahlt wurden. 1939 betrug die Zahl der weiblichen Amtsträger im RLB – laut offiziellen Angaben – rund 280 000, was einem Anteil von 34 Prozent entsprach[17]. Während einige Funktionen – Blockhelferin oder Laienhelferin – ausschließlich Frauen vorbehalten waren, wurden bei der Ernennung zu Luftschutzwarten Männer klar bevorzugt. Erst wenn keine geeigneten männlichen Hausbewohner zur Verfügung standen, sollten Frauen berufen werden. Als in den ersten Kriegsjahren weniger Männer als erwartet zur Wehrmacht eingezogen wurden, ersetzte der RLB weibliche Luftschutzwarte durch männliche Hausbewohner. Bei einigen Frauen rief dieses Vorgehen Unmut hervor, dem sie in Leserbriefen an die „Sirene" und anlässlich einer Tagung des RLB im Jahr 1941 Luft machten[18]. Der weitere Kriegsverlauf, vor allem die massenhafte Einberufung von Männern zum Kriegsdienst, ließ jedoch keine Alternative zum Einsatz der Frauen.

Freilich sahen nicht alle Frauen die Luftschutzdienstpflicht in einem ähnlich positiven Licht wie Betty W. Die meisten betrachteten sie als Notwendigkeit im Krieg. Es gab jedoch auch Fälle, in denen betroffene Frauen ähnlich wie bei der Dienstverpflichtung für die Industrie erfolgreich Widerspruch gegen die Berufung als Selbstschutzkräfte einlegten[19]. Die Mobilisierbarkeit von Hausfrauen hatte ihre Grenzen, wie die schriftlichen Einsprüche

---

[15] Vgl. Kurzmitteilung, in: Die Sirene, H. 8, April 1935, S. 223.
[16] Siehe z. B. Ortsgruppe des RLB Trier an Anni R., 6.10.1943, in: BA-MA, RL 41 Nr. 29.
[17] Vgl. Luftschutz, in: Meyers Lexikon, Bd. 7, Leipzig 1939, S. 764.
[18] Vgl. Die Frau an der Luftschutzfront. Eine bedeutsame Arbeitstagung der führenden Amtsträgerinnen des Reichsluftschutzbundes, in: Die Sirene, H. 14, Juli 1941, S. 306f.
[19] Vgl. Jill Stephenson, The Home Front in „Total War". Women in Germany and Britain in the Second World War, in: Roger Chickering/

zeigen, die bei der Trierer Ortsgruppe des RLB eingingen. Sie lassen sich in drei Gruppen teilen: Viele Frauen sahen sich gesundheitlich nicht in der Lage, die Funktion von Selbstschutzkräften auszufüllen[20]. Eine weitere Gruppe weiblicher Verpflichteter machte geltend, freiwillig im Dienst von Parteiorganisationen und kommunalen Ämtern tätig zu sein[21]. Selbst diejenigen, die keiner Beschäftigung außer Haus nachgingen, hatten Verpflichtungen, die der Luftschutzdienstpflicht im Weg standen. Die meisten Frauen, die gegen die Berufung als Selbstschutzkräfte bei der Ortsgruppe des RLB Trier Einspruch einlegten, argumentierten mit ihrer Verantwortung für Angehörige, insbesondere für ihre Kinder, und mit der Belastung durch die Fortführung des Familienbetriebes[22]. Franziska M., die ohne jede Hilfe ein Lebensmittelgeschäft führte und sich auch noch um ihr minderjähriges Kind kümmern musste, sah sich nicht dazu in der Lage, den Luftschutzdienst zu versehen[23]. Einige Frauen reagierten auf die Verpflichtung als Selbstschutzkräfte auch höchst empört. So legte eine Trierer Hausfrau Widerspruch gegen die Berufung zur Laienhelferin ein, da sie vier Kinder habe, von denen das jüngste erst 17 Monate alt sei. Sie empfand die Heranziehung zum zivilen Luftschutz als unvereinbar mit ihren Pflichten als Mutter: „Wenn Flieger über der Stadt sind, habe ich die Kinder oft noch nicht einmal angezogen, dann muss ich noch über den Hof. Ich würde das Leben meiner Kinder in Gefahr bringen und damit eine kinderreiche Familie aufs Spiel setzen."[24]

„Kämpfende Mütter"

In den Augen der Führung des RLB stellte die „Mutterschaft" jedoch kein prinzipielles Hindernis für die Tätigkeit im Luftschutz

---

Bernd Greiner/Stig Förster (Hrsg.), A World at Total War. Global conflict and the politics of destruction, 1937 – 1945, Cambridge 2005, S. 207 – 243, S. 225f.
[20] Siehe z. B. Julia K. an Ortsgruppe des RLB Trier, 13.2.1944, in: BA-MA, RL 41 Nr. 29.
[21] Siehe z. B. NSDAP, Gauleitung Moselland, Ortgruppe Trier-Euren an Ortsgruppe des RLB Trier, 30.4.1943, in: Ebenda.
[22] Siehe Barbara F. an Ortsgruppe des RLB Trier, 21.2.1943, in: BA-MA, RL 41 Nr. 28.
[23] Franziska M. an Oberbürgermeister der Stadt Trier, 24.12.1941, in: Ebenda.
[24] Frau S. an Oberbürgermeister der Stadt Trier, 6.5.1941, in: Ebenda; siehe auch Karoline M. an Oberbürgermeister der Stadt Trier, 17.8.1941, in: Ebenda.

dar. Im Gegenteil, die Figur der Mutter war ein zentraler Topos der Luftschutzpropaganda. Drei Merkmale fallen bei der Darstellung von Frauen besonders auf:
1. Die Propaganda des Reichsluftschutzbundes schlug schon vor 1939 einen dezidiert militärischen Ton an, was sich mit Beginn des Zweiten Weltkriegs noch verstärkte. Die Hausgemeinschaft wurde als „Kampffront" bezeichnet, in der die Selbstschutzkräfte wie Soldaten ihren Beitrag zur Abwehr feindlicher Angriffe leisteten. Dem Luftschutzwart als „Festungskommandanten" unterstanden die Mitglieder der Hausgemeinschaft, die seine Anweisungen befolgen mussten[25]. Der militärische Charakter des zivilen Luftschutzes wurde auch durch die Bezeichnung der Selbstschutzkräfte als „Kämpfer im Selbstschutz" oder „Soldaten der Heimat" unterstrichen. In einer Rede im Berliner Sportpalast verkündete Hermann Göring, Reichsminister der Luftfahrt und Oberbefehlshaber der Luftwaffe: „Der Kämpfer im Luftschutz hat so viel Verantwortung und Ehre wie jeder Soldat an der Front." Dieses Zitat machte der RLB zu einem Leitsatz und druckte es gemeinsam mit einer Abbildung Görings auf ein Propagandaplakat, das reichsweit Verbreitung fand[26]. Der Luftschutz bot der NS-Führung lange vor Kriegsbeginn einen Hebel für die Militarisierung von Zivilisten und die Etablierung eines Frauenbildes, dessen Kern soldatische Tapferkeit sowie Kampf- und Opferbereitschaft bildete[27]. In einer 1935 in der „Sirene" erscheinenden Artikelserie „Frau im Luftschutz" zeichnete der RLB das Bild der weiblichen Kämpferin mit männlichen Eigenschaften: „Wenn die Frau mit den Männerhosen auch die dem Manne eigene soldatische Grundhaltung und seine opferwillige Einsatzbereitschaft angezogen hat, kann sie im Luftschutz den Mann in jedem Fall ersetzen."[28]
2. Dies bedeutete jedoch nicht, dass sie damit aufhörte, Frau zu sein. Die Luftkriegspropaganda betonte bei der Darstellung der

---

[25] Zur Stellung des Luftschutzwartes, siehe Hampe, Ziviler Luftschutz, S. 431; Arthur Rathje, Die Frau im Luftschutz. III. Soziale Ziele, in: Die Sirene, H. 11, Mai 1935, S. 283; Die Heimatfront im Kriegsjahr 1942. Ein arbeits- und kampfreiches Jahr ging zu Ende, in: Die Sirene, H. 26, Dezember 1942, S. 334.
[26] Vgl. Lemke, Luftschutz, S. 318; Plakat siehe URL: http://www.dhm.de/lemo/html/wk2/kriegsverlauf/luftschutz/index.html (zuletzt aufgerufen am 9.4.2006).
[27] Vgl. Olaf Groehler, Bombenkrieg gegen Deutschland, Berlin 1990, S. 298.
[28] Die Frau im Luftschutz, in: Die Sirene, H. 2, Januar 1935, S. 40.

Frauen vielmehr bewusst die weiblichen Attribute. Ein Plakat des RLB, das eine Frau im Luftschutzanzug mit Stahlhelm und Koppel zeigt, unterstreicht vor allem die weiblichen Gesichtszüge, die roten, vollen Lippen und das blonde lange Haar[29]. Diese Betonung der körperlichen Weiblichkeit prägt auch die Artikel und Illustrationen der „Sirene". In einem Bericht über einen Frauenlehrgang des RLB mit dem Titel „Ein Luftschutz-Morgen. Bilder der Lebensfreude aus einer Luftschutzschule" dominieren die Fotografien von jungen, hübschen und fröhlichen Lehrgangsteilnehmerinnen, die morgens mit dem Luftschutzlehrer frühstücken, Luftschutzübungen absolvieren und Spaß an den Spielen in den Pausen haben. Das letzte Bild zeigt die Frauen, wie sie demonstrativ ihre groben Luftschutzanzüge ausziehen, unter denen sie nur Badeanzüge tragen, die ihre weiblichen Reize voll zur Geltung bringen[30]. Der Artikel suggerierte zum einen, dass Frauen in Luftschutzlehrgängen eine schöne Zeit vor sich hätten, und wirkte damit weit verbreiteten Vorbehalten der weiblichen Bevölkerung, daran teilzunehmen, entgegen. Auf diese Weise transportierte er auch die Botschaft, Luftschutz lasse sich einfach und gefahrlos erlernen. Die Darstellung von Frauen im Luftschutz diente dazu, die Angst vor der Gefahr aus der Luft zu bannen. Sie stellte ein wichtiges Narrativ dar, mit dem der RLB der Herausforderung begegnete, die Bevölkerung auf den Luftkrieg vorzubereiten, ohne sie in Panik zu versetzen. Die Bilder von lachenden und fröhlichen Frauen blenden die Bedrohung durch den Luftkrieg völlig aus. Gezielt nutzte der RLB zudem die Beispiele vom Einsatz einzelner, weiblicher Selbstschutzkräfte, um der Bevölkerung die Gewissheit zu vermitteln, jeder sei in der Lage, einen Beitrag zum zivilen Luftschutz zu leisten. Die Landesgruppe Hessen/Rheinland-Süd des RLB wies in diesem Sinne 1942 ihre Ortsgruppen an, Berichte über Frauen im Luftschutz in der Ausbildung einzusetzen, denn erfahrungsgemäß könne „die Scheu von Menschen vor ihrer eigenen Leistungsfähigkeit oftmals durch ein bildhaftes Aufzeigen von leuchtenden Vorbildern überwunden werden"[31]. Die wichtigste Information, die die Leser der

---

[29] Die Betonung der „sexualized feminity" im Bezug auf Frauen, die kriegswichtige Aufgaben erfüllten, stellt Sonya O. Rose, Which people's war? National identity and citizenship in Britain 1939 – 1945, Oxford 2003, S. 131 – 135, für Großbritannien fest.
[30] Vgl. Ein Luftschutz-Morgen. Bilder der Lebensfreude aus einer Luftschutzschule, in: Die Sirene, H. 18, September 1939, S. 481 – 484.
[31] Rundschreiben 135/42 der Landesgruppe XII Hessen/Rheinland-Süd des RLB, in: BA-MA, RL 41 Nr. 7.

"Sirene" der Darstellung von Frauen im Luftschutz entnehmen sollten, lautete: trotz der verantwortungsvollen, teils gefährlichen Tätigkeit würden sie ihrer Weiblichkeit nicht beraubt. Der Einsatz als Selbstschutzkräfte machte sie, so gesehen, zwar zu „Kämpfern", aber nicht zu Männern.

3. Die Vorstellung, dass Frauen im Einsatz für den zivilen Luftschutz trotz aller Anforderungen weiblich blieben, bezog sich nicht nur auf ihr Äußeres. Auch ihr Verhalten sollte weiterhin traditionellen Geschlechterrollen entsprechen. In diesem Sinne wies der RLB die für Selbstschutzkräfte notwendigen Eigenschaften als typisch weibliche aus. Die betreuende und pflegende Tätigkeit der Laienhelferinnen konnten ohnehin nur Frauen übernehmen. Doch auch für die Funktion des Luftschutzwartes schienen sie besonders geeignet zu sein, weil es dafür eines besonderen Einfühlungsvermögens und vor allem eines guten Kontakts zu den anderen Hausbewohnern bedurfte[32], was der RLB eher Frauen als Männern zutraute. In der Artikelserie „Frau im Luftschutz" propagierte der RLB eine bestimmte Form der Weiblichkeit, die den Einsatz von Frauen im zivilen Luftschutz legitimieren sollte, nämlich die der Mutter[33]. Gertrud von Willich, Ausbilderin in der Reichsluftschutzschule in Berlin, erläuterte diesen Zusammenhang in einem Artikel der „Sirene" 1935 folgendermaßen:

„Aber um im tiefsten Sinn Mutter zu sein, ja um Mütter ‚am Volk' zu werden, genügt es nicht, dass wir uns schützen lassen, wir wollen selbst schützen, nicht nur die Schritte der Kleinsten hüten und lenken, sondern Erwachsenen darüber hinaus auch das Leben erhalten helfen und sei es im Einsatz des eigenen Lebens. Jede Frau, die solche seelische Mütterlichkeit besitzt – ganz gleich, ob sie selbst Kinder in die Welt trug oder nicht – kann in diesem Sinne ‚Mutter' sein, wenn sie sich auf Gedeih und Verderb verbunden weiß mit ihrem Volk und bereit ist zum Einsatz."[34]

Frauen sollte man im Krieg nun nicht mehr daran erkennen, dass sie sich von Männern beschützen ließen, vielmehr sollten sie selbst Schutz geben wie eine Mutter ihrer Familie. Die weiblichen Selbst-

---

[32] Vgl. Arthur Rathje, Frau im Luftschutz. II. Technische Leistung, in: Die Sirene, H. 10, Mai 1935, S. 276f.
[33] Zum Mutterbild siehe Susan R. Grayzel, Women's identities at war. Gender, Motherhood and Politics in Britain and France during the First World War, Chapel Hill/London 1999, S. 12f.
[34] Gertrud von Willich, Luftschutz – Dienstpflicht der Frau, in: Die Sirene, H. 11, Mai 1935, S. 282.

schutzkräfte wurden aufgefordert, ihrem „mütterlichen Instinkt" entsprechend die Hausgemeinschaft vor den Folgen der Luftangriffe zu bewahren[35]. Brände zu löschen, Menschen aus verschütteten Kellern zu bergen oder Eimerketten zu organisieren, konnten auf diese Weise als weibliche Aufgaben definiert werden. Der notwendige Einsatz von Frauen im zivilen Luftschutz sollte nicht den Anschein erwecken, dass damit traditionelle Geschlechterzuweisungen aufgebrochen würden. Die Berichte über den Einsatz der weiblichen Selbstschutzkräfte während der Luftangriffe betonten daher auch, dass sie zwar Brände löschten, Menschen aus den Flammen retteten oder die Luftschutzgemeinschaft anführten, aber dennoch ganz „normale" Frauen seien, die tagsüber ihren Haushalt versorgten, ihre Kinder großzögen und um den Mann an der Front bangten[36].

Der Tod für das Vaterland

Das Bild der Frau als „Kämpferin" und nicht mehr als schutzbedürftige Zivilistin wirkte sich auch auf den öffentlichen Umgang mit dem gewaltsamen Tod von Frauen im Krieg aus. Anders als zwischen 1914 und 1918 waren weit mehr Zivilisten – darunter viele Frauen – Opfer des Krieges. Für das Gebiet des Altreiches zeigen nach Geschlecht gegliederte Statistiken, dass ebenso viele Frauen wie Männer bei Luftangriffen getötet wurden[37]. Die zusätzliche Aufschlüsselung nach Kriegsjahren und Sterbeort – innerhalb und außerhalb eines Luftschutzraumes – ergibt signifikante Unterschiede, wie lokale Statistiken der Stadt Köln zeigen. Die Kölner Fliegeropferkartei weist 20.000 zivile Luftkriegstote aus, die sich etwa zu gleichen Teilen auf die beiden Geschlechter verteilen. Bis Ende 1943 starben deutlich mehr Männer als Frauen in Luftangriffen. Erst 1944 änderte sich dies: 56 Prozent der Luftkriegsopfer waren nun Frauen. Stark betroffen war vor allem die weibliche Bevölkerung zwischen 30 und 50 Jahren. Dies waren die Alterskohorten, die im „Arbeitseinsatz" standen und die Stadt

---

[35] Vgl. Arthur Rathje, Die Frau im Luftschutz. I. Seelische Anlage, in: Die Sirene, H. 9, Mai 1935, S. 227f.
[36] Vgl. z. B. So sind unsere deutschen Frauen. Die „Sirene" auf Besuch bei Luftschutz-Kameradinnen im Westen, in: Die Sirene, H. 22, Oktober 1940, S. 494 – 498; Das sind sie – und so kämpfen sie! Einige Beispiele vom Heldenkampf der deutschen Heimat, in: Die Sirene, H. 12, Juni 1944, S. 113 – 115.
[37] Vgl. Hampe, Ziviler Luftschutz, S. 176.

nicht verlassen durften, während junge Mütter und alte Frauen evakuiert wurden. Die Aufschlüsselung nach Sterbeort zeigt, dass die Zahl der innerhalb von Luftschutzräumen getöteten Frauen die Zahl der dort ums Leben gekommenen Männer überstieg, während es sich außerhalb der Luftschutzräume genau umgekehrt verhielt[38]. Dies lässt sich zum Teil darauf zurückführen, dass es in der Regel Männer waren, die während der Luftangriffe außerhalb der Schutzräume im Rahmen des Sicherheits- und Hilfsdienstes, der Feuerwehr und der Polizei tätig waren. Zudem gab es mancherorts ab 1943 geschlechtsspezifische Zugangsregelungen zu den Luftschutzbunkern. Männer zwischen 16 und 60 Jahren, die weder gebrechlich noch krank waren, sollten von den Bunkerwarten abgewiesen werden[39]. Im fünften Kriegsjahr stieg jedoch die Zahl weiblicher Luftkriegstoter, die außerhalb von Luftschutzräumen aufgefunden wurden, in Relation zur Zahl der männlichen Todesopfer an[40]. Da in diesem Zeitraum überhaupt mehr Frauen als Männer durch die Luftangriffe starben, liegt die Vermutung nahe, dass es einen deutlichen Frauenüberschuss in Köln gab.

Als mehr und mehr Frauen durch Luftangriffe starben, stand die NS-Führung immer häufiger vor dem Problem, wie sie mit diesen Toten umgehen sollte. Traditionelle Deutungsmuster übernehmend, instrumentalisierte das Regime den Tod von Zivilisten, vor allem von Kindern und Frauen, dazu, den Kriegsgegner moralisch anzuklagen[41]. Bereits in den ersten Kriegsjahren etablierte die NS-Führung jedoch ein konkurrierendes Deutungsangebot: Zivilisten, die in Folge der Luftangriffen starben, wurden getöteten Soldaten symbolisch gleichgestellt, vor allem dann, wenn sie in Ausübung des zivilen Luftschutzes ums Leben gekommen waren. Luftkriegstote, darunter auch Frauen und Kinder, wurden nicht nur als

---

[38] Vgl. Peter Simon (Bearb.), Köln im Luftkrieg 1939 – 1945 – Ein Tatsachenbericht über Fliegeralarme und Fliegerangriffe, Köln o. J., S. 91 f.
[39] Vgl. Ralf Blank, Kriegsalltag und Luftkrieg an der „Heimatfront", in: Jörg Echternkamp (Hrsg.), Das Deutsche Reich und der Zweite Weltkrieg, Bd. 9: Die deutsche Kriegsgesellschaft 1939 bis 1945, 1. Teilband: Politisierung, Vernichtung, Überleben, München 2004, S. 357 – 461, hier S. 409.
[40] Vgl. Simon (Bearb.), Köln, S. 91 f.
[41] Siehe z. B. Neuer Anschlag Churchills gegen Frauen und Kinder, in: National-Zeitung, 3. 10. 1940. Zur Wahrnehmung des gewaltsamen Todes von Zivilisten im Krieg siehe Ruth Seifert, Im Tod und im Schmerz sind nicht alle gleich: Männliche und weibliche Körper in den kulturellen Anordnungen von Krieg und Nation, in: Steffen Martus/Marina Münkler/Werner Röcke (Hrsg.), Schlachtfelder. Zur Codierung militärischer Gewalt im medialen Wandel, Berlin 2003, S. 235 – 246, hier S. 238.

„Gefallene" bezeichnet, ihre Todesanzeigen konnten zudem mit dem Eisernen Kreuz versehen werden, das eigentlich Frontsoldaten vorbehalten war. Die Praxis, militärische Bezeichnungen und Ehrensymbole für Zivilisten zu verwenden, war jedoch umstritten. Während das Reichspropagandaministerium in einer Anordnung von 1941 dies ausdrücklich gestattete, beharrte die Parteikanzlei darauf, dass nur die Todesanzeigen von Männern ein Ehrenkreuz erhalten sollten. Das Oberkommando der Wehrmacht vertrat eine dritte Position, wonach eine solche Ehrung von Zivilisten, gleich welchen Geschlechts, nur erfolgen sollte, wenn sie im Dienst einer nationalsozialistischen Organisation oder in Ausübung einer Luftschutztätigkeit gestorben waren[42].

Im Februar 1942 wandte sich der Leiter des Propagandaamtes Weser-Ems an das Propagandaministerium, um eine einheitliche Regelung zu fordern. Er wies vor allem auf die Ungleichbehandlung bei der Verwendung militärischer Ehrenzeichen für Zivilpersonen hin und führte ins Feld, dass es bei der Bevölkerung auf Unverständnis stoße, wenn „der Mann die Ehrung durch das EK erfährt, während seine etwa von der gleichen Bombe getötete Frau leer ausgeht"[43]. 1943 einigten sich das Propagandaministerium und das Oberkommando der Wehrmacht darauf, dass alle Zivilisten – Männer, Frauen und Kinder –, die bei Luftangriffen ums Leben kamen, als „Gefallene" bezeichnet werden sollten. Ihre Todesanzeigen konnten mit einem Eisernen Kreuz versehen werden[44]. Der gewaltsame Tod von Zivilisten im Luftkrieg wurde damit zum politischen Akt – mit dem Ziel die „Heimatfront" zu stabilisieren – uminterpretiert. Denn die Luftkriegstoten galten nicht mehr als passive Opfer, deren Tod als Unglück wahrgenommen wurde und daher umso bestürzender wirkte, sondern als „Opfer im Sinne von Aufopferung" für NS-Deutschland[45]. Frauen starben im Luftkrieg – in der Deutung der NS-Führung – ebenso fürs Vaterland wie Soldaten an der Front. Die Trauer über ihren

---

[42] Vgl. Reichspropagandaamt Weser-Ems an Reichsministerium für Volksaufklärung und Propaganda (RMVP), 23.2.1942, in: BA Berlin, NS 18 Nr. 1063; RMVP, Rudolf Schauff, an Reichspropagandaleitung, Walter Tießler, 26.2.1942, in: Ebenda.
[43] Reichspropagandaamt Weser-Ems an RMVP, 23.2.1942, in: Ebenda.
[44] Vgl. Mitteilung der Reichspressestelle der NSDAP Nr. 54/43, in: Ebenda.
[45] Zur unterschiedlichen Bedeutung des Opferbegriffs siehe Richard Bessel, Was bleibt vom Krieg? Deutsche Nachkriegsgeschichte(n) aus geschlechtergeschichtlicher Perspektive – eine Einführung, in: Militärgeschichtliche Zeitschrift 60 (2001), S. 297 – 305, hier S. 301.

Tod sollte auf diese Weise unterbunden oder zumindest abgemildert werden. Die offiziellen Beerdigungsfeiern, die die Partei nach großen Luftangriffen veranstaltete, dienten in diesem Sinne auch dazu, Verzweiflung und Ohnmacht über den Verlust von Angehörigen zu kanalisieren und ein positives Gemeinschaftsgefühl zu erzeugen[46]. Dass diese Rechung nicht ohne Weiteres aufging, deuten Berichte über solche Beerdigungsfeiern an. In Stadtlohn im heutigen Nordrhein-Westfalen fielen in den letzten Kriegsmonaten, am 11. März 1945, erstmals Bomben, die 142 Menschen das Leben kosteten. Die anschließende, von der Partei veranstaltete Trauerfeier, die der Kreisleiter dazu nutzte, um die Bevölkerung aufzufordern, der NS-Führung weiterhin zu vertrauen, endete mit Protesten in Form von Gebeten[47]. Selbst Betty W., „das begeisterte BDM-Mädel", überkamen Zweifel, als sie an einer Trauerfeier am Nürnberger Südfriedhof teilnahm und mit einer grauenhaften Szenerie konfrontiert wurde: „Teilweise zum Teil verbrannte Leichen, einzelne Körperteile nebenbei darinnen zugelegt. Särge und Leichen überall."[48] Der Anblick der oftmals bis zur Unkenntlichkeit verstümmelten Leichen konterkarierte den nationalsozialistischen Heldenkult. Und auch die Geschlechterdifferenzierung verlor dort an Bedeutung, wo man Mann und Frau nicht mehr voneinander unterscheiden konnte. Der gewaltsame Tod im Luftkrieg hatte sie gleich gemacht. Inwieweit dies nach 1945 Auswirkungen auf das Gedenken an die Luftkriegstoten hatte und damit auch auf die Erinnerung an den Luftkrieg, wird Gegenstand weiterer Untersuchungen sein. Für den Einsatz von Frauen im Luftschutz lassen sich aber schon jetzt drei Punkte festhalten:

1. Frauen wurde bereits vor 1939 eine tragende Rolle im zivilen Luftschutz zugewiesen. Ihre Heranziehung, vor allen für den Selbstschutz war dabei eine Konsequenz der geschlechtsspezifischen Arbeitsteilung im Krieg: Wer sich überwiegend im Haus aufhielt, war in der Regel eine Frau.

2. Der Einsatz von Frauen im Selbstschutz machte diesen zu einer weiblichen Domäne. Der vom RLB vehement propagierte militäri-

---

[46] Vgl. Sabine Behrenbeck, Der Kult um die toten Helden: Nationalsozialistische Mythen, Riten und Symbole 1923 bis 1945, Vierow bei Greifswald 1996, S. 510 – 519.
[47] Katholisches Pfarramt St. Otger an Generalvikariat Münster, ca. 1946, in: Bistumsarchiv Münster, A 101 – 16.
[48] Betty W., Meine Kriegserlebnisse als Rotkreuz-Schwester und Schwesternhelferin, Januar 2004, in: StadtAN, F 19.

sche Charakter des Luftschutzes fand seinen Ausdruck in der Forderung nach einem weiblichen Kämpfertum. Die Figur der Mutter diente demgegenüber als Scharnier, um den Rollenwandel von der geschützten zur schützenden Frau in der nationalsozialistischen Propaganda zu legitimieren.

3. Die Etablierung des Bildes der Frau als „Kämpferin" im Luftschutz drückte sich auch in der Deutung der weiblichen Luftkriegstoten als „Gefallene" aus. Die militärische Ehrung, die ihnen ebenso wie Soldaten an der Front zuteil wurde, deutete ein verändertes Verhältnis des Staates zu den Frauen an: Der Zweite Weltkrieg, vor allem die Luftangriffe, beförderten die nationale Integration von Frauen, wie sie die Männer bereits im 19. Jahrhundert durch die Einführung der Wehrpflicht erfahren hatten. Die Repräsentation des Staates im Krieg war damit nicht mehr länger ausschließlich männlich konnotiert. Die „Nationalisierung von Frauen"[49], die bereits im Ersten Weltkrieg in Gang gesetzt wurde, gelangte damit an ihren vorläufigen Höhepunkt.

---

[49] Françoise Thébaud (Hrsg.), Geschichte der Frauen, Bd. 5: 20. Jahrhundert, Frankfurt a. M./New York 1995, S. 29f.

Dietmar Süß
Nationalsozialistische Deutungen des Luftkrieges

Knapp sechs Wochen waren die verheerenden Bombenangriffe auf Köln vom Frühsommer 1942 vorbei, da notierte Joseph Goebbels über ein Gespräch mit Hitler: Auf seinen Wunsch, so Goebbels, habe der Führer einer Änderung der Berichterstattung über den Bombenkrieg zugestimmt. Zwar wolle auch er „keine Sensationalisierung der angerichteten Schäden", doch sollten die moralische Haltung der Bevölkerung und die „Heroisierung dieses gigantischen Kampfes" plastisch dargestellt werden. Hitler vertrete den Standpunkt, dass die Angriffe der Engländer auf bestimmte Städte, so grausam sie seien, doch auch eine gute Seite hätten. „Er hat das Kartenbild von Köln eingehend studiert und ist zu dem Ergebnis gekommen, daß zum großen Teil Straßenzüge niedergelegt worden sind, die eigentlich hätten niedergelegt werden müssen, um Durchbrüche zu schaffen, die wir aber nur unter schwersten psychologischen Belastungen der Bevölkerung gegenüber hätten niederlegen können. Hier hat der Feind uns also eine Arbeit abgenommen."[1]

Hitlers Zynismus mag angesichts der Verbrechensbilanz des nationalsozialistischen Regimes nicht allzu sehr verwundern. Doch wirft die achselzuckende Preisgabe urbanen Lebens im Zeichen der zukünftigen NS-Städteplanung ein grelles Licht auf die Frage, wie der Nationalsozialismus die wachsende Herausforderung der alliierten Luftangriffe zu verarbeiten versuchte. Polykratische Selbststeuerung durch kommunales Krisenmanagement gehörte dazu genauso wie die Rolle der NSDAP als zentrale „volksgemeinschaftliche" Inklusionsmaschine, deren Bindekraft nicht zuletzt auf ihrer Verfügungsmacht über die materielle Ressourcenverteilung für Bombenkriegsbetroffene basierte. Doch wie deutete das nationalsozialistische Regime, wie deuten Propaganda und Partei den Luftkrieg? Welche Formen der Binnenwahrnehmung und Krisenperzeption dominierten und welche Bedeutung besaß der

---

[1] Eintrag vom 20.8.1942, in: Die Tagebücher von Joseph Goebbels, Teil II: Diktate 1941 – 1945. Im Auftrag des Instituts für Zeitgeschichte und mit Unterstützung des Staatlichen Archivdienstes Rußlands hrsg. von Elke Fröhlich, 15 Bde., München u. a. 1993ff, Bd. 5: Juli – September 1942, S. 358.

Luftkrieg für das Regime selbst? Diese Frage rückt eines der zentralen Probleme in den Mittelpunkt, auf die eine Gesellschaftsgeschichte des Krieges antworten muss – die Frage nach der Integrationsfähigkeit des Nationalsozialismus im Zeichen des „Totalen Krieges". Trugen die Bombardierungen der Städte aus Sicht der NS-Funktionseliten dazu bei, Legitimation und Herrschaft zu unterminieren? Sah die Führung in den Angriffen eine Bedrohung der inneren Stabilität der „Heimatfront", und wenn ja, wie reagierte sie darauf? Hatten die Angriffe letztlich entscheidenden Anteil an der Kriegsniederlage? Wie verhielt sich aus der Sicht des Regimes die Bevölkerung, und gab es Anzeichen dafür, dass sich Teile der Gesellschaft der propagandistischen Heroisierung der Abwehrschlacht an der „Heimatfront" zu entziehen versuchten? Das sind die Fragen, die skizzenhaft beantwortet werden sollen.

Nationalsozialistische Propaganda

Noch während des Krieges war die deutsche Propaganda nicht müde geworden, den Luftkrieg als Symbol des nationalsozialistischen Kriegsstaates zu beschwören, der Volk und Vaterland zusammenbinde. Der „Kommissar der Heimatfront"[2], Joseph Goebbels, ließ keinen Zweifel daran aufkommen, dass sich im Bombenkrieg die „Klassenschranken" der Gesellschaft auflösten und die Nation letztlich zu sich selbst komme. Sein „völkischer" Kriegssozialismus erlebte nach der Niederlage von Stalingrad und den immer neuen Nachrichten über die wachsende Kriegsunwilligkeit der Bevölkerung eine fanatische Zuspitzung. „Luftkrieg, Luftkrieg, das ist das entscheidende Thema"[3], notierte Goebbels mal ängstlich, mal voller Selbstzufriedenheit seit 1943 beinahe täglich in sein Tagebuch. Früher als andere spürte Goebbels die Gefahren, die sich aus der Radikalisierung des Bombenkrieges für den Zusammenhalt und die Mobilisierungskraft der „Volksgemeinschaft" ergaben. Über das Ausmaß der Zerstörungen war der Reichspropagandaminister stets über verschiedene Kanäle gut

---

[2] Vgl. dazu Dietmar Süß, Steuerung durch Information? Joseph Goebbels als „Kommissar der Heimatfront" und die Reichsinspektion für den zivilen Luftschutz, in: Rüdiger Hachtmann/Winfried Süß (Hrsg.), Hitlers Kommissare, Sondergewalten der nationalsozialistischen Diktatur, Göttingen 2006, S. 183 – 206.
[3] Eintrag vom 1.9.1943, in: Goebbels, Tagebücher, Teil II, Bd. 9: Juli – September 1943, S. 399.

informiert, erst über das ausführliche Berichtswesen seiner Gaupropagandaämter, später dann auch als Chef des Interministeriellen Luftkriegsschädenausschusses und Reichsbevollmächtigter für den Totalen Kriegseinsatz. Die Verschärfung der Kriegslage im Inneren bot ihm zugleich die Chance, seinen politischen Einfluss weit über seine Aufgaben als Berliner Gauleiter und Reichspropagandaminister auszudehnen und sich in die unmittelbare Krisenbewältigung einzumischen.

Goebbels sah sich selbst als eine Art publizistisches Antidepressivum, das den „Volksgenossen" eine, wie er meinte, „Seelenspeise" gegen die bedrückende Lage an der „Heimatfront" sei. Evakuierungen, die immer weiter reichende Zerstörung von Wohnraum, die Sorge um die Ernährung: das waren aus seiner Sicht Gründe für das „Gefühl der Hilflosigkeit" und den „Pessimismus" – die allerdings an der „heroischen" Haltung der „Volksgemeinschaft" insgesamt nichts änderten, so Goebbels. Bei aller Not des Reiches schien sich Goebbels doch letztlich nur wenige Sorgen darüber zu machen, dass der Krieg, ähnlich wie aus seiner Sicht 1918, durch die wankende „Heimatfront" verloren ginge. Dabei wurde die Lage immer aussichtsloser. Neben allem anderen war es nicht zuletzt der Tod, das Massensterben, der zum Alltag im außeralltäglichen Kriegszustand wurde und das Regime vor immer neue Probleme stellte[4]. Die inszenierte Umdeutung der Bombentoten in „gefallene" Kämpfer und die nationalsozialistische Trauerliturgie für die Luftkriegsopfer waren nicht nur ein Teil der Lösung für die verlorengegangene oder fraglich gewordene Sinnstiftung. Die Inszenierungen waren selbst Teile des Problems, das sie zu lösen vorgaben. „Einige Unannehmlichkeiten haben sich bei der Bergung und Beerdigung der Leichen der Gefallenen aus dem Luftkrieg gezeigt", notierte Goebbels am 6. März 1944[5]. Nun sollten die Kreisleiter der NSDAP größere Vollmachten erhalten, damit sie sich gegen die Stadtbehörden durchsetzen konnten. Um was ging es dabei? Wie in anderen Städten hatte die NSDAP auch in München einen detailliierten Plan für die Gestaltung der Totenfeierlichkeiten entworfen, der zusehends in die Kritik geriet.

---

[4] Vgl. Richard Bessel/Dirk Schumann (Hrsg.), Life after Death. Approaches to a Cultural and Social History of Europe during the 1940s and 1950s, Cambridge u.a. 2003; vgl. auch Sabine Behrenbeck, Der Kult um die toten Helden. Nationalsozialistische Mythen, Riten und Symbole 1923 bis 1945, Vierow bei Greifswald 1996.
[5] Eintrag vom 5.3.1944, in: Goebbels, Tagebücher, Teil II, Bd. 11: Januar – März 1944, S. 416.

Hinter den Kulissen nahmen seit 1944 die Vorbehalte gegenüber dem nationalsozialistischen Totenkult zu[6]. Nicht wenige Angehörige der Bombenkriegsopfer beschwerten sich lautstark bei den zuständigen Bestattungsämtern darüber, dass ihre toten Angehörigen aus den Leichenhallen der städtischen Friedhöfe vor der Grablegung durch die halbe Stadt gekarrt werden mussten, um auf einem Friedhof am anderen Ende Münchens die Objekte des nationalsozialistischen Begräbnisrituals zu bilden. Das führte, wie die städtischen Leichenbeschauer meinten, nicht nur dazu, dass die begrenzte Zahl an Transportmitteln unnötig strapaziert würden[7]. Zudem werde die Gefahr von Seuchen erhöht, und, was noch schwerer wog, es mehrten sich die Klagen der Angehörigen, die in dem Transport der Leichen eine Störung der Totenruhe sahen – ganz abgesehen davon, dass die öffentlichen Fahrten von Leichenwagen ein beängstigendes Bild der Verletzlichkeit der Stadt boten. Solche Konflikte, die auch aus anderen Städten bekannt sind[8], unterstrichen einmal mehr den umfassenden Besitzanspruch des Regimes, das seinen Zugriff nicht nur auf den lebenden, sondern auch auf den „toten Volkskörper" auszudehnen versuchte. Die Herrschaft über den Tod, über das „gefallene Luftkriegsopfer", gehörte so zu einem zentralen Motiv nationalsozialistischer Symbolpolitik.

Eine weitere wichtige materielle Legitimationsquelle der Diktatur im Kampf um das Vertrauen der Bevölkerung war das 1940 neu geschaffene Kriegsschädenrecht (KSR). Auf dem Höhepunkt der militärischen Expansion des zweiten Kriegsjahrs, nach dem Polenfeldzug, der Besetzung Norwegens und der Eroberung Frankreichs, verabschiedete der Ministerrat für Reichsverteidigung am 30. November 1940 ein Gesetz, das ganz den Geist euphorischer Siegesgewissheit atmete[9]. Das KSR regelte die künftige Entschädigung aller durch den Krieg an Zivilpersonen entstandenen Schäden. Die Entschädigung, so die übereinstimmende Meinung, war ein zentrales Instrument im Kampf an der „inneren Front". Versagte der NS-Staat weitreichende Unterstützungsleistungen, so lief er nach eigener Einschätzung Gefahr, die Zustimmung der Menschen zum Krieg aufs Spiel zu setzen. Der „Willen zum

---

[6] Einen Überblick bietet Behrenbeck, Kult, S. 520–532.
[7] Direktor des städtischen Bestattungsamtes München vom 25.7.1944, Betreff: Leichenbehandlung, in: Stadtarchiv München, Bestattungsamt München, Nr. 392; Folgendes nach ebenda.
[8] Oberbürgermeister Stuttgart vom Mai 1944 an die Kreisleitung der NSDAP Stuttgart (Entwurf), in: Stadtarchiv Stuttgart, Nr. 281.
[9] Reichsgesetzblatt 1940, Teil I, S. 1547.

Durchhalten" war in entscheidender Weise von der möglichst unbürokratischen und direkten Hilfe abhängig; davon, dass die Geschädigten beispielsweise nach Luftangriffen etwas zu essen erhielten, von ausreichender Kleidung für die ersten Wochen und den rasch ausgezahlten Vorschüssen, mit denen sie sich mit dem Notdürftigsten eindecken konnten. Staat, Wehrmacht und Partei sollten gemeinsam bei der Beseitigung der Kriegsschäden mithelfen und den Betroffenen zur Seite stehen.

Materielle Entschädigung war also eine elementare Kompensation für die Zumutungen des Krieges, allen voran für die Folgen der Bombardierungen. Propagandistische Aufrüstung oder schnelle Kriegserfolge reichten alleine nicht mehr aus, wenn die „Heimat" aus der Luft bedroht war. Zur Politik des Vertrauens, zur Sicherung der Loyalität und Kampfbereitschaft gehörte das Versprechen einer finanziellen Absicherung gegen das Kriegsrisiko. Der Krieg, so deutete es einer der führenden Verwaltungsjuristen des Kriegsschädenrechts, Reichsrichter Danckelmann, sei eine Angelegenheit der gesamten „Volksgemeinschaft", so dass auch seine Kosten auf alle Schultern verteilt werden müssten. Denn dies sei schließlich das Wesen der Volksgemeinschaft: dass der einzelne sich für sie einsetze und außerordentliche Opfer bringe, dafür aber Unterstützung durch die Gemeinschaft erhalte, falls die Lasten und Verluste nicht mehr zumutbar seien[10].

Doch was auf den ersten Blick wie eine Vollkaskoversicherung klang, entpuppte sich bei näherem Hinsehen doch als ein Gesetz mit einigen Fußangeln. Zunächst galt trotz aller Rechtsansprüche: Gezahlt werden sollte nur abhängig von der volkswirtschaftlichen Entwicklung, und das hieß, abhängig vom siegreichen Verlauf des Krieges und dessen haushaltspolitischen Voraussetzungen. Juden waren von der Entschädigungspraxis ausgenommen. Je länger der Krieg dauerte, je stärker der Luftkrieg die Ressourcen des Reiches belastete und je weniger aus den eroberten Gebieten herauszupressen war, desto schwieriger gestaltete sich die rasche Entschädigung.

Gegen überzogene Ansprüche hatten die beteiligten Stellen im Reichsinnen- und Reichsfinanzministerium also von Beginn an einen Riegel vorgeschoben. „Volksgemeinschaftliche" Loyalitätssicherung contra finanzpolitische „Kriegsnotwendigkeit": Das war das Spannungsverhältnis, in dem sich das KSR befand und das sich

---

[10] Oberverwaltungsgerichtsrat Dr. Danckelmann, Vermögensschäden im Kriegsschädenrecht, in: Deutsche Verwaltung 17 (1940), S. 385 – 390, hier S. 385.

zu dem Zeitpunkt massiv verschärfte, als die Intensität des Luftkrieges die Schadensprognosen der Verwaltungsbehörden seit Frühjahr 1942 erheblich ins Wanken brachte. Eine Politik der Vertröstung begann, die die Schadensabwicklung auf die Nachkriegszeit vertagte – immer darauf bauend, den räuberischen Vernichtungskrieg gewinnen und die reiche Beute verteilen zu können. Kaum ein anderes Rechtsgebiet war während des Krieges so sehr im Fluss, bei kaum einem rang man so sehr um eine vorläufige Form und wurde so oft von der Allgegenwart des Bombenkrieges überholt wie bei der Gestaltung des Kriegsschädenrechts. Man wird für die Jahre bis etwa Mitte 1943 die Attraktivität nationalsozialistischer Integrationsversuche durch die Verteilung materieller Güter aus dem geraubten jüdischen Besitz und den ausgebeuteten Gebieten im Westen und Osten Europas kaum hoch genug veranschlagen können[11]. Auf die dann folgenden Versuche, den Mangel durch nicht reglementierte gesellschaftliche Selbsthilfemaßnahmen zu beheben, wusste das Regime jedoch nur eine Antwort: Repression und die Verfolgung von „Plünderern" und „Volksschädlingen", die gegen das Kriegsschädenrecht verstoßen hatten. Als Teil „sozialstaatlicher" Vorsorge im Krieg wird man das Kriegsschädenrecht jedenfalls nicht bezeichnen können, dafür war die Kluft zwischen Leistung und Versprechen zu groß, selbst wenn das Regime lange versuchte, den Schein der finanziell gerechten Lastenverteilung für die „Stimmung und Haltung" aufrecht zu erhalten. Goebbels hatte mit Blick auf den Luftkrieg schon im März 1943 in seinen Anweisungen für die Presse darauf bestanden, „daß nur noch von einer guten Haltung gesprochen werde"[12]. Resignation in der Bevölkerung sei sehr leicht möglich, schließlich wisse niemand, „wann der zermürbende Luftkrieg" zu Ende gehe. Angesichts brennender Häuser und verwüsteter Städte könne man nicht erwarten, „daß das Volk in ein Hurra-Geschrei ausbrechen werde".

Auf der Suche nach der „Stimmung"

„Stimmung und Haltung" galt auch das besondere Interesse der alliierten Sozialforscher, als sie seit Sommer 1944 daran gingen, eine großangelegte Untersuchung über die Wirkung der

---

[11] Dazu jüngst sehr kontrovers Götz Aly, Hitlers Volksstaat. Raub, Rassenkrieg und nationaler Sozialismus, Frankfurt a.M. 2005.
[12] „Wollt Ihr den totalen Krieg". Die geheimen Goebbels-Konferenzen, hrsg. und ausgewählt von Willi A. Boelcke, München 1969, S. 452.

Luftangriffe zu planen. Die Sozialforscher des United States Strategic Bombing Survey (USSBS) verhörten und befragten dafür mehre tausend Personen, darunter Kirchenleute, Verfolgte, aber vor allem die ehemaligen Spitzen des Regimes – und das zu einem Zeitpunkt, als der Schatten kommender Kriegsverbrecherprozesse nur sehr schemenhaft zu erkennen war. Dazu gehörte auch Albert Speer, den die Amerikaner Mitte Mai 1945 ergreifen konnten. In dem rund dreistündigen ersten Gespräch mit Speer ging es deshalb vor allem um eines: Die Bedeutung der Luftangriffe für das Herrschaftssystem des Dritten Reiches[13]. Schon bei diesem Gespräch machte Speer das deutlich, was er in späteren Vernehmungen wiederholen sollte: Aus seiner Sicht hatten die Luftangriffe der Amerikaner zwar die richtigen Ziele ausgewählt, doch diese letztlich nicht mit der nötigen Konsequenz verfolgt, um die Rüstungsindustrie vor dem Jahr 1944 in die Knie zu zwingen. Eine Chance, die bei einer Konzentration der Kräfte beispielsweise auf die Hydrierwerke oder die Kugellagerindustrie durchaus bestanden hätte, wie er selbst eingestand. Die Rüstungsindustrie sei wie ein Fluss, bei dem die Amerikaner nicht die Quelle, nämlich die Stahlindustrie, sondern die Mündung bombardiert hätten. Die Diversifizierung der Angriffsziele war aus der Sicht Speers eine Verschwendung von Ressourcen, die es ihm ermöglicht hatte, schon nach wenigen Wochen die Produktion wieder so hochzufahren, dass in zahlreichen Rüstungssektoren der Höhepunkt der Leistungsfähigkeit 1944 erreicht wurde. Trotzdem ließ Speer keinen Zweifel daran, wie massiv die Luftangriffe in das Räderwerk der Kriegsproduktion eingegriffen und den Ausgang des Krieges entscheidend beeinflusst hatten. Ab Mai 1944, so gab Speer bei einem Verhör am 19. Mai 1945 zu Protokoll, hatten die Angriffe auf die Hydrierwerke die Kriegsentscheidung gebracht[14]. Denn ab diesem Zeitpunkt war die Treibstoffproduktion und damit die Bewegungsfähigkeit der Truppen erheblich eingeschränkt. Eine Einschätzung, die beispielsweise auch Alfred Jodl teilte[15]. Aus dessen Sicht hatte der Luftkrieg gegen das Innere des Reiches den Nerv der Rüstungsindustrie getroffen und die Kriegsmaschinerie

---

[13] Vgl. Initial Interrogation of Albert Speer, 15.5.1945, in: National Archives Washington (künftig: NARA II), RG 243, Entry 32, Box 6, Interrogation Albert Speer, U.S. Strategic Bombing Survey, APO 413 (Published 31.5.1945).
[14] Vgl. ebenda, Interview vom 19.5.1945.
[15] Vgl. Interview Nr. 62, 29.6.1945, in: NARA II, RG 243, Entry 32, Box 3, Interrogation Alfred Jodl, U.S. Strategic Bombing Survey.

gestoppt. Die Qualität der Munition sank zusehends, die Ausrüstung wurde schlechter, Treibstoff war Mangelware, die Transportmöglichkeiten waren massiv eingeschränkt. Jodl machte dafür, wie andere auch, allen voran das Versagen der Luftwaffe und ihre Fehlplanungen verantwortlich: Mangelnde Ausbildung junger Piloten, veraltete Flugzeuge, fehlendes Interesse für technische Innovation, all das zusammen führte dazu, dass die Abwehrkräfte an der Heimatfront immer weiter schwanden. Aus seiner Sicht waren aber auch die psychologischen Wirkungen der Luftangriffe für die Frontsoldaten von „überragender Bedeutung" und viel größer gewesen, als viele vermutet hätten. Insgesamt, so glaubte Jodl, waren bei den Luftangriffen rund 400.000 Menschen ums Leben gekommen – eine Schätzung, die durchaus realistisch war und darauf hindeutet, wie genau die militärische Führung selbst noch in der letzten Kriegsphase über die Zahl der Opfer Bescheid wusste. Während im Vergleich zu früher – damit meinte Jodl ganz offenkundig den Ersten Weltkrieg – der Soldat sicher sein konnte, dass Frau und Kind, Heim und Hof nicht bedroht seien, sei diese Sicherheit durch die Luftangriffe zerstört worden. Bei den Soldaten habe nun die Vorstellung dominiert: „Ich kann so viel durchhalten, wie ich will, aber meine Frau und meine Kinder gehen trotzdem vor die Hunde". Ein Einbruch in der „Stimmungslage" der Soldaten, der nach Einschätzung Jodls den Widerstandswillen der Truppen nicht unerheblich geschwächt hatte, wie man beispielsweise nach den Luftangriffen auf Hamburg 1943 habe sehen können, als die Nachricht in einer Hamburger Division zu „großer Unruhe" führte.
Karl Brandt, Generalkommissar für das Sanitäts- und Gesundheitswesen, bestätigte bei einem seiner Verhöre diese Deutung[16]. Eine Erosion der Kriegsmoral als Folge der Luftangriffe war seiner Auffassung nach erst ab 1943 zu erkennen gewesen. Bis dahin hatten die Deutschen, so Brandt im Gespräch mit den USBSS-Mitarbeitern, die Luftangriffe als Teil des Krieges, als eine Form von Normalität betrachtet, die es hinzunehmen galt. Seit 1944 nahmen die Stimmen derer deutlich zu, die sich mit dem Kriegsverlauf und der Verteidigungsfähigkeit des Reiches unzufrieden zeigten. Albert Speer fasste die innere Verfassung der „Volksgemeinschaft" mit einem Satz zusammen: „Die Stimmung war durch die Angriffe auf die Städte schlecht; die Haltung der Bevölkerung bewundernswert". Ein Indikator dafür sei vor allem

---

[16] Vgl. Interview Nr. 64, 18.7.1945, in: Ebenda.

gewesen, dass trotz aller Angriffe bis zum Schluss des Krieges die Arbeitsleistung der Bevölkerung nicht gesunken sei und der Wille zum Wiederaufbau bestanden habe. Und dann setzte er hinzu: „Beides konnte nicht durch Zwang, sondern nur durch freiwillige Bereitschaft der deutschen Arbeiter erzielt werden."
Natürlich unterschlug Speer ohne Scham den brutalen Zwangscharakter des NS-Arbeitseinsatzes, die Mechanismen von Ausbeutung und Terror, vor allem gegen Zwangsarbeiter. Gleichzeitig deutet er aber auf ein Motiv hin, das man bei fast allen Gesprächen, aber auch schon bei Goebbels beobachten konnte: Mochte die „Stimmung" auch noch so schlecht sein, die „Disziplin" der Volksgemeinschaft schien aus der Sicht des Regimes bis in die Schlussphase des Luftkrieges doch weitgehend ungebrochen und Apathie, Kritik an der Ernährungslage oder Kriegsmüdigkeit kein Grund für oppositionelles Verhalten. Bei allen Vorbehalten gegenüber den Schutzbehauptungen der Befragten und den paranoiden Autosuggestionskräften Joseph Goebbels', geben ihre Schilderungen doch Hinweise auf wichtige Merkmale der deutschen Gesellschaft im Luftkrieg und den hohen Grad an innerer Selbstmobilisierung für den Krieg[17].

An erster Stelle steht die Integrations- und Wirkungskraft nationalsozialistischer Politik und Propaganda. Schon die Alliierten hatten sich in ihren Analysen, die ja nicht nur auf den Selbstdarstellungen eines Albert Speer beruhten, sondern auch auf Interviews mit Sozialdemokraten, Industriellen und Kirchenvertretern, über eine Sache überrascht gezeigt: über das Verhältnis, das Partei und Bevölkerung im Luftkrieg untereinander verband[18]. Entgegen der Vielzahl an Berichten über Widerstand und Unzufriedenheit, über die die Nachrichtendienste bevorzugt berichtet hatten, zeigte sich in den Gesprächen ein hohes Maß an innerer Kohäsion, die deutlich weiter reichte, als die Alliierten angenommen hatten, und die wohl nicht zuletzt auf einem radikalisierten Sozialutilitarismus gründete. Der Glaube an die Wunder- und Vergeltungswaffen schien von den

---

[17] Vgl. u. a. Martin Geyer, Das Stigma der Gewalt und das Problem der nationalen Identität in Deutschland, in: Christian Jansen/Lutz Niethammer/Bernd Weisbrod (Hrsg.), Von der Aufgabe der Freiheit. Politische Verantwortung und bürgerliche Gesellschaft im 19. und 20. Jahrhundert. Festschrift für Hans Mommsen zum 5. November 1995, Berlin 1995, S. 673 – 698, hier S. 689.
[18] Police and Party Control, undatiert [1945], in: NARA II, RG 243, 64 B-O (6), Box 574.

Nationalsozialisten mit einigem Erfolg propagiert worden zu sein; er war jedenfalls größer, als es die Auswertung der erbeuteten SD-Berichte angedeutet hatte. Etwas Zweites kam hinzu: die Politik des inneren Terrors und der Angst, die die Nationalsozialisten systematisch betrieben hatten. Offenkundig war das Argument, dass der Wiederaufbau der Städte nur bei einem Sieg der NS-Regimes möglich war, auf genauso fruchtbaren Boden gefallen wie die Dämonisierung der Alliierten. Deren Triumph schien vielen nichts anderes zu bedeuteten als ein bolschewistisch-jüdisches Strafgericht, dessen Konsequenzen die des Versailler Vertrages übertrafen.

Nur in wenigen Fällen, bei einigen der interviewten kommunistischen Widerstandskämpfer und Zwangsarbeiter, stellten die Befragten einen Zusammenhang von Bombenkrieg und Befreiung her. Während die Spitzen des NS-Regimes in ihren Verhören den Begriff des „Terror-Angriffs" vermieden, hatten beispielsweise die katholischen und sozialdemokratischen Gesprächspartner aus Wuppertal und Münster keine Bedenken, diesen Begriff der NS-Propaganda auch im Gespräch mit den Alliierten zu benutzen. Dabei fehlte dann auch nicht der Hinweis, dass die Angriffe vor allen die „ganz normalen Deutschen" getroffen und Jahrtausende alte Kulturgüter und Kirchen zerstört hatten. Einen Zusammenhang von Luftkrieg und nationalsozialistischem Krieg vermochten nur die wenigsten zu erkennen oder zu artikulieren[19]. Jedenfalls blieben Hinweise darauf, dass in einigen kirchlichen Kreisen Stimmen laut geworden seien, die in den Luftangriffen eine Strafe für den deutschen Terror gegen die Juden sahen, die Ausnahme. Eher wurden insbesondere in Predigten seit der Wende von Stalingrad die Luftangriffe als Strafe für die Abkehr von Gott und den Geboten des Heilands interpretiert – eine Deutung, die freilich im Kern einen Angriff auf die Goebbelssche Kriegssozialismusrhetorik und den Gefallenenkult des NS-Staates bedeutete.

Und drittens schließlich: Der Begriff der „Disziplin" deutet auf ein anderes wichtiges Element hin, nämlich die Selbststabilisierungskräfte der „Heimatfront", die dem raschen Zusammenbruch entgegenwirkten. Speer hatte mit seiner Beobachtung gar nicht so unrecht, denn gefährdeten längere Ausfallzeiten und Werkflucht nur selten den Produktionsfluss. Der Gang zur Arbeit war eine Art Überlebensstrategie, der Arbeitsplatz ein Bezugspunkt der eige-

---

[19] U.S. Stratetgic Bombing Survey, Entry 6, 64 B-N, Box 571, u (4), in: NARA II, RG 243.

nen Existenz und ein Ort, an dem Ernährungskarten ausgestellt, Suppen gekocht und Fliegergeschädigte mit dem Nötigsten versorgt wurden[20]. Vermutlich waren es gerade diese durch den Bombenkrieg aktivierten Überlebenskräfte, die sich in den Großstädten zu einer wichtigen Stütze des NS-Regimes entwickelten und zu kompensieren halfen, was der alltägliche Ausnahmezustand des Luftkrieges an Gefahren, Verlusterfahrungen und gesellschaftlichen Auflösungserscheinungen mit sich brachte.

Schluss

Versucht man abschließend, nach der Bedeutung der nationalsozialistischen Selbstdeutung des Luftkrieges für eine Gesellschaftsgeschichte des Krieges zu fragen, so sind mehrere Aspekte besonders wichtig: Die zeithistorische Forschung hat sich lange Zeit sehr schwer getan, die Wirkungen der Luftangriffe auf die Funktionsweise, die Radikalisierung und die polykratischen Selbststeuerungsversuche des NS-Regimes näher zu bestimmen. Die Dominanz einer allzu engen Militärgeschichte hat hier sicher das Ihre getan[21]. Einerseits ist klar, wie grob fahrlässig die NS-Führung den Schutz der Bevölkerung gegen Luftangriffe vernachlässigt hatte. Andererseits dürfte auch deutlich geworden sein, dass die Wirkungen der Luftangriffe das Regime in einen permanenten Stresszustand versetzten, dessen Folge zwar nicht die von den Alliierten erhoffte Revolution der deutschen Arbeiter gegen den NS-Staat war, aber dennoch zu einer wichtigen Quelle innerer Delegitimierung der oft beschworenen Problemlösungskapazität des „Führerstaates" wurde. Deshalb scheint einiges dafür zu sprechen, die Folgen der Bombardierungen für die unterschiedlichen Sektoren gesellschaftlichen Lebens und die Funktions- und Erosionsprozesse des Herrschaftssystems genauer als bisher zu prüfen. Dazu zählt beispielsweise der gesamte Komplex von Justiz und innerer Verwaltung, dessen Praxis, beispielsweise die Entschädigung der Bombenkriegsbetroffenen, ins Zentrum der Debatte um die nationalsozialistische Gefälligkeitsdiktatur und das Spannungsverhältnis von volksgemeinschaftlicher Inklusion und

---

[20] Vgl. dazu Wolfgang Franz Werner, Bleib übrig! Deutsche Arbeiter in der nationalsozialistischen Kriegswirtschaft, Düsseldorf 1983, S. 254 – 274.
[21] Neuerdings vor allem Jörg Echternkamp (Hrsg.), Das Deutsche Reich und der Zweite Weltkrieg, Bd. 9: Die deutsche Kriegsgesellschaft 1939 bis 1945, 1. Teilband: Politisierung, Vernichtung, Überleben, München 2004.

Exklusion, von propagandistischer Inszenierung und Vertröstung führt. Damit wird zugleich auch der Blick für die semantische und narrative Prägekraft des NS-Regimes geschärft, deren Wirkung bis weit in die aktuellen Debatten um die „Tabuisierung" des Luftkrieges nach 1945 reichte und die es mehr als bisher zu dekonstruieren gilt. Die jüngste Debatte um den Luftkrieg hatte hier ihre blinden Stellen – und das wohl auch deshalb, weil sich der Blick auf die Wirkungsgeschichte der Bombardierung im „Totalen Krieg" ganz auf Deutschland konzentrierte. Wohl erst der Vergleich mit anderen Ländern im Luftkrieg schärft den Blick für die destruktiven Elemente des NS-Herrschaftssystems, das erst im Krieg seinen eigentlichen Aggregatszustand erreichte und damit auch sein ganzes umfassendes Vernichtungspotential ausschöpfen konnte. Die spezifisch nationalsozialistische Form sozialer Praxis, diese Mischung aus gesellschaftlicher Desintegration, rassistischer Krisenbewältigung und Herrschaftsstabilisierung bleibt dabei das zentrale Problem, das es zu klären gilt.

Stefan Goebel
Coventry und Dresden: Transnationale Netzwerke der Erinnerung in den 1950er und 1960er Jahren

Transnationale Geschichte hat Konjunktur unter Historikern, die die traditionelle Nationalfixierung der Geschichtswissenschaft überwinden wollen. Anregende Stellungnahmen zur Theorie und Methode transnationaler Geschichtsforschung gibt es mittlerweile zur Genüge, doch herrscht weiterhin ein großer Mangel an empirischen Arbeiten zu sozio-kulturellen Transfers und Verflechtungen über nationale Grenzen hinweg. Auffällig an der laufenden Forschungsdebatte ist, wie selten auf das transnationale Ereignis des 20. Jahrhunderts schlechthin – den Zweiten Weltkrieg – Bezug genommen wird.

Die transnationale Dimension der öffentlichen Erinnerung an den Bombenkrieg ist das Thema dieses Beitrages. Es soll gezeigt werden, wie der Luftkrieg nach 1945 in der europäischen Erinnerungslandschaft verankert worden ist. Der Blick fällt dabei auf die englische Stadt Coventry als Dreh- und Angelpunkt postnationaler Erinnerungsarbeit im Nachkriegseuropa. Coventry, im November 1940 von der Luftwaffe zerstört, so die These, avancierte in der Nachkriegszeit zum transnationalen Erinnerungsort par excellence. In den 1950er und 1960er Jahren fungierte die Chiffre „Coventry" als europäischer, ja sogar globaler Referenzpunkt des Gedenkens an den Zweiten Weltkrieg – sogar jenseits des Eisernen Vorhangs. Im Mittelpunkt steht das von Coventry ausgehende Netzwerk der Erinnerung, das die englische Stadt mit Dresden verband.

Erinnerungsort Coventry

Wie erklärt es sich, dass Coventry – eine industrielle Provinzstadt am Rande Birminghams – einen so prominenten Platz im europäischen Gedächtnis der Nachkriegszeit einnehmen konnte? Warum nicht London, die Stadt des „Blitz" von 1940/41? Warum nicht Bath, das architektonische Juwel des englischen Süd-Westens, das im „Baedecker-Angriff" von 1942 zerstört wurde? Die Antwort liegt nicht im Ausmaß der Zerstörung oder der Bedeutung der Stadt begründet, sondern hängt mit der Natur und Funktionsweise des sozialen bzw. kollektiven Gedächtnisses zusammen.

In den 1990er Jahren haben Historiker das Konzept des kollektiven Gedächtnisses häufig bemüht, um die Entstehung und Dynamik nationaler Identitäten zu analysieren. Dabei ist der Begriff des Gedächtnisses eigentlich irreführend. Die Nation besitzt kein Gedächtnis wie das Individuum und schon gar kein homogenes Groß-Gedächtnis. Gleichwohl hat das Erinnern eine gesellschaftliche Dimension, insbesondere da, wo Menschen öffentlich zusammenfinden, um Erinnerungen auszutauschen oder Denkmäler zu setzen. Mit anderen Worten, das kollektive Gedächtnis ist eine Metapher für gesellschaftliche Erinnerungsarbeit. Diese muss von Individuen oder Gruppen angeregt, geleistet und organisiert werden. Nur dort, wo es Träger der Erinnerungskultur gibt, entsteht so etwas wie ein „kollektives Gedächtnis"[1].

Aktive und zudem international gesinnte Träger der Erinnerungsarbeit gab es in Coventry und nicht – oder zumindest nicht mit dem gleichen gesellschaftlichen Einfluss – in „blitzed" Städten wie London oder Bath. In den 1950er und 1960er Jahren wurde von Coventry aus ein europäisches, ja sogar weltweites Netzwerk kollektiver Erinnerung geschaffen. Dabei gab es nicht nur einen einzelnen Träger, sondern gleich zwei prominente Zentren der Erinnerung: Zum einen die anglikanische Kathedrale und zum anderen den Stadtrat. Zwischen den beiden Zentren der Erinnerungsarbeit gab es gelegentlich Kooperation, bisweilen machten sie sich auch Konkurrenz, obwohl sie im Grunde genommen die gleichen Ziele verfolgten, nämlich „reconciliation" und „international understanding" im Europa der Nachkriegszeit.

Coventrys Aufstieg zu einem Erinnerungsort von europäischem Rang zeichnete sich schon in der Kriegspropaganda ab. Für die Nationalsozialisten war die Bombardierung Coventrys ein Fanal. Der Angriff auf Coventry in der Nacht vom 14. zum 15. November 1940 sollte den Beginn einer neuen Ära des totalen Krieges markieren. Dem Berliner Propagandaapparat schwebte ein so gewaltiger Einschnitt in die Zivilisation vor – ein wahrer Kulturbruch –, dass dazu sogar ein neuer Begriff erfunden werden musste: „Coventrieren" wurde Bestandteil dessen, was Victor Klemperer die „Lingua Tertii Imperii" genannt hat.

Die „Coventrierung" von Coventry blieb kein Einzelfall; Angriffe auf Southampton, Bristol, Canterbury und York folgten, aber „coventrieren" bzw. „Coventration" oder „to coventrate" gingen

---

[1] Vgl. Jay Winter/Emmanuel Sivan, Setting the Framework, in: Dies. (Hrsg.), War and Remembrance in the Twentieth Century, Cambridge 1999, S. 6 – 39.

auch in den englischen Sprachschatz der Kriegs- und Nachkriegszeit ein. „But Coventry was the first", betonte der Provost von Coventry 1979 in Hinblick auf die viel massiveren Angriffe auf Dresden und Hiroshima, „[i]ts destruction was accompanied by a propaganda barrage of hatred and vengance. The word ‚coventrate' entred the language of Europe." Im Coventry der Nachkriegszeit wurde „Coventration" als linguistischer Erinnerungsort gepflegt. So standen etwa „Upper Coventrate" und „Lower Coventrate" als Straßennamen für die neue Einkaufszone zur Diskussion[2].

Coventry Cathedral und „Operation Reconciliation"

Während das Bomber Command Vergeltungsangriffe für Coventry auf deutsche Städte flog, predigte kein geringerer als der Provost der zerstörten Kathedrale, Richard Howard, Frieden und Versöhnung mit dem Gegner. In seiner im Radio übertragenen Andacht zum Weihnachtsfest 1940 rief er die britischen Christen dazu auf, jegliche Rachegefühle gegen den Kriegsgegner zu unterdrücken. Vielmehr kündigte Howard an, „we are going to try to make a kinder, simpler – a more Christ-Child-like sort of world in the days beyond this strife"[3].

Doch der Luftkrieg hatte gerade erst begonnen, und konkrete Zeichen der Versöhnung mussten daher auf die Nachkriegszeit vertagt werden. Insbesondere der Bau der neuen Kathedrale nach Plänen des Architekten (Sir) Basil Spence besaß von Anfang an eine globale Dimension. Als der zuständige Minister 1954 die Planungsgenehmigung für dieses – nicht unumstrittene – Großprojekt erteilte, begründete er seine Entscheidung mit folgenden Worten:

„The Cathedral is not a building which concerns Coventry and Coventry alone. The echo of the bombs which destroyed your city was heard round the world. We cannot tell how many people are waiting in this country and abroad for this church to rise again."[4]

---

[2] H.C.N. Williams, A Guide to Coventry Cathedral, Derby 1979, S. 16; Coventry Standard, „Central Streets are Named" vom 6.11.1948, in: Coventry City Archives (künftig: CCA), CCA/TC/1/29/1, Bl. 109; zur NS-Propaganda vgl. Victor Klemperer, LTI. Notizbuch eines Philologen, Berlin 1949, S. 136 – 138.
[3] Richard T. Howard, Ruined and Rebuilt. The Story of Coventry Cathedral 1939 – 1962, Coventry 1962, S. 22.
[4] Coventry Cathedral, in: Builder 186, 30.4.1954, S. 756.

Wie kein zweites Bauprojekt der Nachkriegszeit hat Coventry Cathedral weltweite Aufmerksamkeit erhalten. Spenden trafen aus der ganzen Welt ein – auch aus (West-)Deutschland. Bundeskanzler Konrad Adenauer reiste eigens nach London, um einen Scheck über 50.000 Mark beizusteuern; die Evangelische Kirche Deutschlands stiftete bunte Glasfenster für die ökumenische Kapelle; und Kiel, die westdeutsche Partnerstadt Coventrys, schickte einen symbolischen Stein aus einer von Bomben zerstörten Kieler Kirche[5].

Als der Neubau 1962 schließlich eingeweiht werden konnte, feierte die Architekturzeitschrift „The Builder" Spences Gotteshaus überschwänglich als einen „international shrine" und „place of pilgrimage from all over Europe, and indeed the world"[6]. Tatsächlich wirkte die neue Kathedrale, in die der Architekt die Ruine der zerstörten Kirche geschickt integriert hatte, wie ein Magnet auf ausländische Besucher und vor allem auf deutsche Christen. Ab 1950 fanden in der Ruine der gotischen Kirche regelmäßig Gottesdienste in deutscher Sprache statt. Provost Howard erinnerte sich später:

> „I took every opportunity of showing them round. In the sanctuary they would look at the words ‚Father forgive'. In the Chapel of Unity I would put the Cross of Nails into their hands and assure them that the Cross of Christ annihilates the guilt of sinful man. [...] Again and again the spiritual miracle would happen. Germans still bound in the fetters of war guilt would be suddenly set free, and would go away with a sense of release and tranquil joy."[7]

Drei Nägel, die fünf Jahrhunderte lang die Balken der gotischen Kirche zusammengehalten hatten, wurden – zu einem Nagelkreuz geformt – zum Sinnbild der Friedens-Mission von Coventry Cathedral. Nach dem schweren Luftangriff vom 14. November 1940 lagen die alten Nägel verstreut in der Ruine der St. Michaels Kathedrale. Bei den ersten Aufräumungsarbeiten entstand spontan die Idee, aus diesen Überresten ein Nagelkreuz zu bilden. Nach dem Krieg wurde das Nagelkreuz im zerstörten Altarraum aufgestellt, und in den Mauerresten der Apsis wurde die Inschrift „Father forgive" eingemeißelt. Seit Ende des Krieges ist das Nagelkreuz immer wieder auf Reisen geschickt worden, um in der ganzen Welt zu Frieden und Versöhnung aufzufordern.

---

[5] Vgl. Louise Campbell, Coventry Cathedral. Art and Architecture in Post-War Britain, Oxford 1996, S. 221 u. S. 277.
[6] A New National Monument, in: Builder 202, 25.5.1962, S. 1057.
[7] Howard, Ruined and Rebuilt, S. 88.

Kopien des Nagelkreuzes befinden sich heute an unzähligen Orten auf der ganzen Welt. Als Howards Nachfolger als Provost von Coventry, H. C. N. Williams, 1959 Berlin besuchte, brachte er als Gastgeschenk ein Nagelkreuz mit. Im Laufe der Zeit entstand so ein weltweites Netzwerk von Nagelkreuz-Zentren – vornehmlich in Städten, die während des Zweiten Weltkriegs stark gelitten hatten. In Deutschland zählen unter anderem die Zentrale der Aktion Sühnezeichen in Berlin, die evangelische Versöhnungskirche in Münster und das Diakonissenkrankenhaus in Dresden zu den Partnern in der Nagelkreuz-Gemeinschaft[8].

Sowohl in politischer als auch symbolischer Hinsicht nahm Dresden eine Sonderstellung unter den Nagelkreuz-Zentren ein. Die Anregung zur Aussöhnung zwischen Coventry und Dresden kam von keinem geringeren als dem bekannten (und inzwischen berüchtigten) Autor David Irving. Man schrieb das Jahr 1963 und Irvings populärwissenschaftliches Buch über die Zerstörung Dresdens machte gerade Schlagzeilen in Großbritannien. Da wandte sich Irving mit dem Vorschlag an Provost Williams, in Dresden ein Denkmal zu errichten, eine Art Sühnezeichen für den britischen Luftangriff vom Februar 1945. Der Provost griff die Idee begeistert auf und betonte, dass er eine Kooperation mit Dresden „als Geste an das ganze deutsche Volk" im Westen und Osten verstanden wissen wolle[9].

Nur gab es etliche politische und praktische Hürden zu überwinden. Dresden lag in einem Staat, der für die britische Diplomatie überhaupt nicht existierte. Von offizieller Seite aus war keine Hilfestellung zu erwarten, und so mussten auf informellem Wege Kontakte mit Dresden geknüpft werden. Außerdem schien die anti-kirchliche Haltung der Regierung der DDR eine Kooperation mit der Kathedrale von Coventry von vornherein auszuschließen. Warum sollte ein Regime, das seine eigenen Christen drangsalierte, bereit sein, ausgerechnet mit einer westlichen Kirche zu kooperieren? Wie sich herausstellte, war es aber gerade die Aussicht auf eine direkte Zusammenarbeit mit einer ausländischen Kirche, die das Projekt für das SED-Regime attraktiv machte. Denn der Vorstoß aus Coventry war eine willkommene Gelegenheit, die heimischen Christen zu besänftigen und gleichzeitig die evangelische

---

[8] Vgl. W. E. Rose, Sent from Coventry. A Mission of International Reconciliation, London 1980, S. 52 – 59.
[9] H. C. N. Williams an Richard Crossman, 21. 5. 1963, in: Cathedral Archives Coventry (künftig: CAC), CCN 20; H. C. N. Williams an David Irving, 17. 11. 1964, in: Ebenda, CCN 23.

Kirche zu isolieren. Denn das war die Bedingung an Coventry: Der rebellische Dresdner Bischof durfte an dem Projekt nicht beteiligt werden[10].

Als konkretes Projekt fasste man in Coventry den Wiederaufbau eines im Kriege stark beschädigten evangelischen Krankenhauses ins Auge. Dafür sollten britische Jugendliche nach Dresden geschickt werden und unter Anleitung deutscher Handwerker bei den Bauarbeiten helfen. Aber vor allem war das Dresden-Projekt als eine symbolische Aktion gedacht. Bei ihrer konstruktiven Erinnerungs- und Aufbauarbeit sollten die Jugendlichen gleichsam als Stellvertreter der britischen Nation fungieren. Gleichzeitig unternahm die Kathedrale den Versuch, breite Kreise zu mobilisieren. Am Remembrance Sunday 1964, dem traditionellen Gedenktag für die Opfer der beiden Weltkriege, richtete Provost Williams einen Spendenappell an die britische Bevölkerung:

„During fourteen hours of 13th and 14th February 1945, 1,250 aircraft of the R.A.F. and the U.S.A.A.F. dropped 3,000 tons of high explosive and incendiary bombs on the city of Dresden. At least 200,000 people died, a far greater number than were later killed in Hiroshima. They were nearly all civilians and a great many of them were refugees from the east. The mediaeval town [...] was completely destroyed, together with the baroque Frauenkirche, an even more precious example of architecture than the Coventry Cathedral which was destroyed in 1940."[11]

Angeblich 200.000 Menschen sollten die am Angriff auf Dresden beteiligten Bomber also getötet haben. Wer konnte da noch „Bomber Harris" und seine Flieger verteidigen? Und wer mochte da die Notwendigkeit der symbolischen Bauarbeiten in Dresden bezweifeln? Das angebliche Ausmaß menschlichen Leidens in Dresden machte auch den letzten Kritiker des politisch brisanten Projektes mundtot. Doch die vom Provost zitierte Zahl der deutschen Opfer entbehrte jeder amtlichen oder wissenschaftlichen Grundlage. Die Dresdner Behörden gingen nach dem Krieg von 35.000 Toten aus. Die sechsstellige Zahl entsprang einzig und allein der Phantasie des Gewährsmannes des Provost: David Irving[12].

---

[10] Vgl. Merrilyn Thomas, Communing with the Enemy. Covert Operations, Christianity and Cold War Politics in Britain and the GDR, Oxford u. a. 2005.
[11] Dresden. An Appeal for International Reconciliation, undatiert [1964], in: CAC, CCN 20.
[12] Vgl. Richard J. Evans, Lying about Hitler. History, Holocaust, and the David Irving Trial, New York 2001, S. 149–184.

„Operation Reconciliation" begann im März 1965 mit einer Andacht in der Kathedrale von Coventry. Hier wurden die Gruppe der Freiwilligen auf die Friedensarbeit der Kathedrale eingeschworen. Danach brach die Gruppe unter der Leitung eines jungen Geistlichen nach Dresden auf. In Dresden leisteten sie die Vorarbeiten für den Wiederaufbau des Diakonissenkrankenhauses. Die Hauptaufgabe der Jugendlichen bestand darin, den Schutt aus der Kriegszeit aus dem Weg zu räumen, damit der eigentliche Wiederaufbau beginnen konnte. Die Aktion dauerte von März bis September 1965. Zum Abschluss reiste der Provost von Coventry nach Dresden, um das Diakonissenkrankenhaus mit einem Nagelkreuz auszuzeichnen und damit offiziell in den Verbund der Nagelkreuz-Zentren aufzunehmen[13].

Städtepartnerschaft Coventry-Dresden

In Coventry verfolgte man das Dresden-Projekt der Kathedrale mit großer Aufmerksamkeit. Denn die Kathedrale befand sich gewissermaßen im Wettbewerb mit den Kommunalpolitikern von Coventry, die unter der Ägide des „Coventry Committee for International Understanding" (CCIU) ein paralleles Projekt initiiert hatten. Während die Jugendlichen der Kathedrale am Diakonissenkrankenhaus Steine schleppten, beackerte zeitgleich eine Gruppe des CCIU einen „Friedensgarten" in einem anderen Stadtteil Dresdens. Zusammen mit Jugendlichen aus Leningrad und Straßburg legten die jungen Briten aus Coventry einen Rosengarten als Friedenszeichen an[14]. Die Wahl des CCIU war nicht zufällig auf Dresden gefallen. Nach dem Krieg hatte der Stadtrat ein Netzwerk von Partnerschaften mit zerstörten Städten in Europa aufgebaut – und zwar auch jenseits des Eisernen Vorhangs, denn die Mehrheit im Stadtrat gehörte dem linken Flügel der Labour Party an. Dresden zählte zu den Partnerstädten in Osteuropa, genauso wie Stalingrad, Belgrad und Sarajevo[15].

Die Verbindung zwischen den Städten Coventry und Dresden reicht in das Jahr 1956 zurück, als pazifistisch gesinnte Arbeiter in

---

[13] Dresden Hospital Project. Report at the End of the First Phase, undatiert [1965], in: CAC, CCN 20.
[14] Coventry Committee for International Understanding, 3rd Annual Report 1964 – 5, 1965, in: CCA, PA 2073/1/3.
[15] Vgl. George Hodgkinson, Sent to Coventry, London 1970, S. 205 – 232; Kenneth Richardson, Twentieth-Century Coventry, London/Basingstoke 1972, S. 95f. u. S. 323 – 328.

Coventry eine „Coventry-Dresden Friendship Society" ins Leben riefen. Dieser Verein konstituierte sich am 3. Januar 1956, dem 80. Geburtstag von Wilhelm Pieck. Ost-Berlin war begeistert; hier bot sich dem Regime eine unerwartete Gelegenheit aus seiner internationalen Isolation auszubrechen. Auf Geheiß des Außenministeriums wurde daraufhin in Dresden ein „Freundschaftskomitee Dresden-Coventry" gegründet[16].

Die Initiative zur Verständigung zwischen Coventry und Dresden ging von der britischen Seite aus. Die Engländer zeigten sich beeindruckt vom expliziten „Anti-Faschismus" ihrer ostdeutschen Partner. Ein Besucher aus Coventry lobte den „aufrichtigen Versuch" der DDR, sich mit der NS-Vergangenheit auseinanderzusetzen[17]. Wichtige Nuancen in der offiziellen Erinnerungskultur wurden allerdings übersehen oder missverstanden. Die ostdeutschen „Anti-Faschisten" verurteilten zwar die Verbrechen der Nationalsozialisten, übernahmen aber – und das wurde in Coventry nicht verstanden – keine Verantwortung für die Vergangenheit. Im Gegenteil, der Bezirksfriedensrat Dresden identifizierte die Bonner Regierung und ihre westlichen Alliierten mit dem Luftkrieg des NS-Regimes. In seiner Friedensbotschaft an Coventry vom 12. Februar 1956 behauptete der Bezirksfriedensrat:

„that the bombers which destroyed Coventry and Dresden were steered by one and the same powers. Under the patronage of these misanthropic powers, a new war machine is emerging in the west of Germany whose fascist generals would not have a guilty conscience to devastate again Coventry or Dresden."[18]

Solch unverhohlene Propaganda stieß in Coventry nicht übel auf. Eine Kombination aus Naivität und Pragmatismus erlaubte es Coventrys Friedensaktivisten, ideologische Differenzen zu übersehen und sich ganz auf ihr Gedenk-Projekt zu konzentrieren. Nur wenige Wochen nach der Dresdner Tirade gegen den Westen

---

[16] Ministerium für Auswärtige Angelegenheiten an Oberbürgermeister Weidauer, 23.1.1956, in: Stadtarchiv Dresden (künftig: StdAD), 4.2.3/289, Bl. 50f.

[17] Brian G. Cooper, Dresden To-Day, Coventry Civic Affairs 211, Juni 1967, in: CCA, PA 732/1/16; vgl. allgemein Arnd Bauerkämper, Einleitung: Großbritannien und die DDR. Wahrnehmungen, Beziehungen und Verflechtungen im Ost-West-Konflikt, in: Ders. (Hrsg.), Britain and the GDR. Relations and Perceptions in a Divided World, Berlin/Wien 2002, S. 7 – 41.

[18] Bezirksfriedensrat Dresden an Coventry-Dresden Friendship Society, 12.2.1956, in: StdAD, 4.2.3/289, Bl. 43.

schrieb der Bürgermeister von Coventry an seinen Kollegen in Dresden: „Let us freely forgive the actions of the past."[19]
Immer wieder unterstrichen die Kommunalpolitiker aus Coventry, dass beide Seiten im Kriege gelitten hätten und dass vergeben nicht vergessen bedeute. Auch wenn die Dresdner Partner niemals ausdrücklich von „Vergebung" sprachen, erwies sich die Sachsenmetropole dennoch als die zuverlässigste und kooperativste aller Partnerstädte Coventrys. Auf ihrem Höhepunkt während der 1960er Jahre bestand die Städtepartnerschaft aus regelmäßigen Besuchen offizieller und halb-offizieller Delegationen, aus Kunstausstellungen, Jugendlagern und „Brieffreundschaften".

Schluss

Die Bombardierung von Städten und das Leiden der Bevölkerung waren in den 1950er und 1960er Jahren sicherlich keine Tabu-Themen, wie einige Autoren in jüngster Zeit suggeriert haben[20]. Die treibenden Kräfte in der Kathedrale und im Stadtrat von Coventry luden ihre Partner aus aller Welt zu konstruktiver, transnationaler Erinnerungs- und Friedensarbeit ein. Auch für Deutsche, vor allem aus den Partnerstädten Kiel und Dresden, gab es hier trotz Kalter Kriegs-Propaganda ein potentielles Forum, um über deutsches Leid und deutsche Schuld zu reflektieren. In Coventry wurde die Erinnerung an den Krieg nicht tabuisiert, sondern europäisiert.

In den 1970er Jahren, im Zeitalter der relativen Entspannung, wurde es stiller um Coventry, das als europäischer Erinnerungsort einen gewissen Bedeutungsverlust erlitt. 1972 stellten Lokalpolitiker besorgt fest, dass sich der Charakter der Städtepartnerschaften mit zunehmendem zeitlichen Abstand zum Krieg verändere. Kommerzielle Aspekte drohten den idealistischen Impetus zu überschatten[21]. Eine Reihe von Kontakten schliefen ganz ein, ohne dass es offiziell zu einer Kündigung der Partnerschaft gekommen wäre. Belgrad und Warschau verlor man aus den Augen. Kontakte mit Sarajevo, Caen in Frankreich oder Arnheim in Holland kamen nur noch sporadisch zustande.

---

[19] Lord Mayor of Coventry an Oberbürgermeister von Dresden, 29.5.1956, in: StdAD, 4.2.3/289, Bl. 28.
[20] Vgl. Winfried G. Sebald, Luftkrieg und Literatur. Mit einem Essay zu Alfred Andersch, München/Wien 1999.
[21] International Friendship Committee, Minute Book, 2.6.1972, S. 214–216, in: CCA, CCA/1/4/66/1.

Dresden, Kiel und Wolgograd erwiesen sich als die zuverlässigsten Partner, obwohl es auch hier zu Phasen der Funkstille kam.

Die zeitliche Distanz zum Krieg allein kann diese Veränderungen aber nicht hinreichend erklären. Kollektives Erinnern findet nur dort statt, wo es aktive Träger und Organisatoren gibt – und genau hier lag das Problem. Diejenigen, die Coventry als europäischen Erinnerungsort konzipiert hatten, verabschiedeten sich nach und nach aus dem öffentlichen Leben. In den 1970er fand ein Generationswechsel statt, wobei den neuen Generationen von kommunalen Eliten die Erinnerungsarbeit an den Krieg nicht mehr ganz so sehr am Herzen lag wie den alten.

Bis heute unterhält die Kathedrale sehr ausgiebige Kontakte mit dem Ausland. Vom Erfolg der 1950er und 1960er Jahre beflügelt, brach man zu neuen Ufern auf. Das weltweite Netzwerk der Nagelkreuz-Bewegung wurde immer dichter geknüpft. Zentren entstanden in Brennpunkten und Krisengebieten wie Nordirland oder dem Nahen Osten. Nur ist dabei fast zwangsläufig die Dimension der Erinnerung an den Luftkrieg von 1940 – 45 in den Hintergrund geraten. Zwar war es immer noch der Wille zum Frieden, nicht aber die Erinnerung an eine konkrete historische Situation (d. h. den Zweiten Weltkrieg), die den gemeinsamen Nenner lieferte. Friedensarbeit und Erinnerungsarbeit verliefen von jetzt an in getrennten Bahnen.

Malte Thießen
Gedenken an die „Operation Gomorrha"
Hamburgs Erinnerungskultur und städtische Identität

Jahrzehnte nach dem Zweiten Weltkrieg erinnerte sich der Schriftsteller Uwe Timm in seiner Novelle „Am Beispiel meines Bruders" an die schweren Luftangriffe auf Hamburg, die im Juli 1943 weite Teile der Hansestadt schwer verwüsteten. Beeindruckt war Timm dabei nicht so sehr von der Präsenz einiger Bilder des „Feuersturms", die sich dem damals Dreijährigen eingebrannt hatten, als von seiner retrospektiven Verklärung. In der ständigen Erzählung sei das Entsetzen nach und nach geglättet, ja letztlich sogar „unterhaltend" geworden:

„Das Eigentümliche war, wie der Schock, der Schreck, das Entsetzen durch das wiederholte Erzählen langsam fasslich wurden, wie das Erlebte langsam in seinen Sprachformen verblasste: Hamburg in Schutt und Asche. Die Stadt ein Flammenmeer. Der Feuersturm."[1]

Auf den ersten Blick erscheint es zynisch, den „Unterhaltungswert" eines derart schrecklichen Ereignisses bemessen zu wollen. Immerhin starben bei den Angriffen etwa 34.000 Menschen, ungefähr 900.000 Bewohner flohen ab August 1943 aus der Stadt, deren Wohnungsbestand buchstäblich „über Nacht" fast zur Hälfte zerstört worden war[2].

Und doch zeigt die Nachgeschichte der „Operation Gomorrha" tatsächlich die verklärende Kraft der Erinnerung: Das öffentliche Gedenken an die tiefste Zäsur der Stadtgeschichte prägt bis heute durchaus positiv die Selbstwahrnehmung der Stadt. Kollektive

---

[1] Uwe Timm, Am Beispiel meines Bruders, Köln 2003, S. 41f.
[2] Zu den Juli-Angriffen und ihren Folgen vgl. Frank Bajohr, Hamburg – Der Zerfall der „Volksgemeinschaft", in: Ulrich Herbert/Axel Schildt (Hrsg.), Kriegsende in Europa. Vom Beginn des deutschen Machtzerfalls bis zur Stabilisierung der Nachkriegsordnung 1944–1948, Essen 1998, S. 318–336; Ursula Büttner, „Gomorrha" und die Folgen. Der Bombenkrieg, in: Forschungsstelle für Zeitgeschichte in Hamburg (Hrsg.), Hamburg im „Dritten Reich", Göttingen 2005, S. 613–632; Joachim Szodrzynski, Das Ende der „Volksgemeinschaft"? Die Hamburger Bevölkerung in der „Trümmergesellschaft" ab 1943, in: Frank Bajohr/Joachim Szodrzynski (Hrsg.), Hamburg in der NS-Zeit. Ergebnisse neuerer Forschungen, Hamburg 1995, S. 281–304.

Repräsentationen der Juli-Angriffe, also öffentliche Erinnerungen in Gedenkveranstaltungen, Ausstellungen, Zeitungen und Denkmälern, lassen sich insofern als „Erinnerungskultur" untersuchen, da sie einen wichtigen Beitrag zur „Formierung kulturell begründeter Selbstbilder"[3] leisteten – und nach wie vor leisten. Seit Dietmar Süß vor kurzem Erzählungen des Luftkriegs nach 1945 analysiert und in diesem Band die zeitgenössischen Deutungen hinterfragt hat, scheint der „linguistic turn" offenbar auch den Luftkrieg erreicht zu haben.

Die „Operation Gomorrha" wäre demnach nicht mehr nur als zentraler Einschnitt in der Stadtgeschichte, sondern ebenso als „Erinnerungsort" interessant, also als „Kristallisationspunkt kollektiver Erinnerung und Identität"[4]. Diese „zweite Geschichte" des Luftkriegs hat mittlerweile nicht nur eine über 60jährige Gedenktradition ausgebildet, sondern mehr noch: Die Juli-Angriffe boten der Hansestadt wie kein zweites Ereignis des „Dritten Reichs"[5] Gelegenheit, sich ihrer Vergangenheit identitäts- und gemeinschaftsstiftend zu erinnern. Seit Kriegsende, genau genommen bereits seit 1943[6], erfüllen kollektive Erzählungen des „Feuersturms" im jeweiligen Kontext spezifische Funktionen zur Gegenwartsbestimmung und Zukunftsorientierung. Das Gedenken an den Luftkrieg bietet damit das entscheidende Fundament städtischen „Geschichtsbewusstseins", es konstruiert Botschaften und Lehren der Vergangenheit, die den Erinnernden Richtschnur und Handlungsanweisung sein sollen. Vier Beispiele solcher Narrative sollen im Folgenden skizziert werden: Erstens das Gedenken an den Durchhaltewillen der „Schicksalsgemeinschaft", zweitens die Erinnerung an 1943 als „Gründungsmythos", drittens das

---

[3] Christoph Cornelißen, Was heißt Erinnerungskultur? Begriff – Methoden – Perspektiven, in: Geschichte in Wissenschaft und Unterricht 54 (2003), S. 548 – 563, hier S. 555.
[4] Etienne François/Hagen Schulze, Einleitung, in: Dies. (Hrsg.), Deutsche Erinnerungsorte, Bd. I, München 2001, S. 9 – 26, hier S. 18.
[5] Zum Umgang mit anderen Erinnerungsorten vgl. Harald Schmid, Erinnern an den „Tag der Schuld". Das Novemberpogrom von 1938 in der deutschen Geschichtspolitik, Hamburg 2001; Malte Thießen, Gedenken an „Operation Gomorrha". Zur Erinnerungskultur des Bombenkrieges von 1945 bis heute, in: Zeitschrift für Geschichtswissenschaft 53 (2005), S. 46 – 61.
[6] Das diesem Beitrag zugrunde liegende Dissertationsprojekt („Gedenken an Luftkrieg und Kriegsende in Hamburg von 1943 bis heute") wird auch die frühen Narrative der „Operation Gomorrha", also die propagandistischen Deutungsversuche, in den Blick nehmen und voraussichtlich Ende 2006 abgeschlossen sein.

Gedenken an die Luftangriffe als „Befreiung" und schließlich die Erzählung von der Verdrängung der Erinnerung, das Narrativ von einem „Tabu".

Gedenken an den Durchhaltewillen von 1943

Bereits in den ersten Jahren nach Kriegsende gab es in Hamburg zahlreiche Gedenkveranstaltungen, doch die Bombenopfer der „Operation Gomorrha" erhielten in der noch jungen Erinnerungskultur zweifellos den höchsten Stellenwert: Im Gegensatz zu Gedenkfeiern für die „Opfer des Faschismus" oder an Jahrestagen des Kriegsendes wurde die Einweihung des „Ehrenmals für die Hamburger Bombenopfer" am 16. August 1952 durch den Besuch zahlreicher Bundesminister und Ministerpräsidenten sowie durch die Schließung aller Schulen, Behörden und eine zweiminütige Verkehrsruhe zu einem zentralen Ereignis überhöht. Schon der Veranstaltungsrahmen setzte ein klares Zeichen, dass die „Operation Gomorrha" einen exklusiven Gedenkanlass darstellte, der die Bevölkerungsmehrheit ansprechen sollte. Kurz gesagt: Die Denkmalseinweihung war definitiv eine „Herzensangelegenheit für die gesamte Stadt"[7], wie der Hamburger Senat in einer Presseerklärung mitteilen ließ.

In den 1950er Jahren wurde die öffentliche Erinnerung des Luftkriegs durch zwei Faktoren bestimmt: Erstens verengte die Blockkonfrontation zwangsläufig auch den Fokus auf die Vergangenheit. So warnte SPD-Bürgermeister Max Brauer bei der Denkmalseinweihung vor allem vor einem neuen Krieg, indem er die Anwesenden beschwor: „Erkennet die Gefahr! Wisset endlich, dass die Menschheit den Weg der Selbstvernichtung beschreitet."[8] Brauer nutzte deshalb den Luftkrieg als pazifistische Parabel im Dienste einer allgemeinen Warnung vor einem neuen Krieg und vor neuen Gefahren aus dem Osten. Noch stärker bestimmten zweitens soziale Konflikte das zeitgenössische Geschichtsbild, prägten doch nach wie vor Vertriebene, Evakuierte und Bombengeschädigte die soziale Topographie der Stadt. Vor die-

---

[7] Rundschreiben der Staatlichen Pressestelle an die Redaktionen aller Hamburger Tageszeitungen, 14.7.1952, in: Staatsarchiv Hamburg (künftig: StAHH), Staatliche Pressestelle VI (künftig: 135-1 VI), 1481.
[8] Die Ansprache Brauers ist u.a. veröffentlicht in Max Brauer, Gedächtnisstätte für die Hamburger Bombenopfer. Ansprache zur Enthüllung des Mahnmales am 16. August 1952, in: Ders. (Hrsg.), Nüchternen Sinnes und heißen Herzens... Reden und Ansprachen, Hamburg 1952, S. 427 – 431.

sem Hintergrund diente bei der Einweihung des Ehrenmals die Erinnerung an die solidarische „Durchhaltegemeinschaft" von 1943 der Konstruktion eines gesellschaftlichen Leitbildes, das auf lokale und nationale Probleme rekurrieren konnte: So feierte Bundestagspräsident Hermann Ehlers (CDU) in seiner Ansprache die „Einheit unseres Volkes"[9], die angesichts der tapferen Verteidigung Hamburgs „hell sichtbar" geworden sei. Die in den Bombennächten bewiesene „Kameradschaft", ja der Durchhaltewille der gesamten Stadt habe ein leuchtendes Beispiel gesetzt, das auch jetzt noch gelte. Der von Ehlers hervorgehobene „Wille zur Selbstaufopferung und Ordnung" diente damit als Bekenntnis zur deutsch-deutschen Wiedervereinigung und als Beschwörung der sozialen Einheit innerhalb der „Wiederaufbaugemeinschaft". Insofern nahm an diesem Tag Bürgerschaftspräsident Adolph Schönfelder (SPD) gegenwärtige soziale Fragen zum Anlass, um im Gedenken an die Bombenopfer auch für die Gegenwart eine „Volksgemeinschaft" zu fordern – selbstverständlich unter demokratischen Vorzeichen.

Das Narrativ der „Durchhaltegemeinschaft" stand in den folgenden Jahren weiterhin hoch im Kurs; zum 20. Jahrestag der Bombardierungen erinnerten beispielsweise zahlreiche Zeitungen an den Widerstandswillen von 1943: „Die Überlebenden gaben nicht auf", stellte 1963 der „Harburger Anzeiger" feierlich fest und lobte den „ungebrochenen hanseatischen Lebenswillen"[10], während die „Morgenpost" ihre 19-teilige Serie mit der triumphierenden Feststellung schloss, dass die Alliierten „keines ihrer Ziele erreicht" hätten: „Weder hatte sich das deutsche Volk gegen die Naziregierung erhoben, noch war es gelungen, die Produktion zu zerschlagen."[11] Die frühen 1960er Jahre, die von Kubakrise und Abrüstungskonferenzen geprägt waren, drückten auch dem städtischen Gedenken ihren Stempel auf. In diesem Kontext funktionierte die Erinnerung an die „Operation Gomorrha" als pazifistische Parabel, in der eine Durchhaltegemeinschaft von 1943 die Sinnlosigkeit von Kriegen überhaupt beweisen sollte. Für diese Kriegswarnung entwickelte sich Hamburg sogar zu einem über-

---

[9] Ein Manuskript der Ansprache von Bundestagspräsident Ehlers sowie die folgende Ansprache von Bürgerschaftspräsident Schönfelder finden sich in: StAHH, 135-1 VI, 1481.
[10] Vor 20 Jahren sank Hamburg unter dem Bombenhagel in Schutt und Asche, in: Harburger Anzeiger und Nachrichten, 23.7.1963.
[11] Als der Himmel brannte (19. Teil der Serie), in: Hamburger Morgenpost, 10.8.1963.

regionalen Symbol – anlässlich des 20. Jahrestags schrieben auch die „Frankfurter Allgemeine" und die „Süddeutsche Zeitung" von Hamburgs ungebrochenem Lebenswillen als Menetekel einer falschen Luftkriegsstrategie:

„Die Millionenstadt Hamburg war zerstört, aber der Lebenswille ihrer Einwohner ungebrochen. Nach und nach kehrten sie von den Dörfern zurück in die zerbombte Stadt [...], so als wollten sie damit unter Beweis stellen, dass Luftangriffe auf die Bevölkerung nicht die von den Engländern erhofften kriegsentscheidenden Erfolge bringen konnten."[12]

Die Erinnerung an die Durchhaltegemeinschaft von 1943 erwies sich in den 1950er und 1960er Jahren also als flexibles Narrativ, das unterschiedlichen Interessen gerecht und damit in verschiedenen Erinnerungskontexten aktualisiert werden konnte. Die pazifistische Mahnung reagierte auf die bedrohliche Verschärfung des Ost-West-Gegensatzes, während der Erinnerung an die Gemeinschaft in den Bombennächten vor allem eine integrative Funktion zukam: Die Erzählung vom unzerstörbaren Zusammenhalt war sowohl Appell an die deutsche Einheit als auch autosuggestives Leitbild der Wiederaufbaugemeinschaft.

Von der „Volks-" zur Erfolgs-Gemeinschaft: 1943 als Gründungsmythos

In eine ähnliche Richtung zielte eine weitere, nicht minder beliebte Erzählung, in der die Zerstörungen von 1943 jedoch nicht als Kontinuitäts-Beweis, sondern umgekehrt, als totale „Stunde Null" erinnert wurden. Im Zuge der gesellschaftlichen Konsolidierung und des fortschreitenden Wiederaufbaus überboten sich „Hamburger Abendblatt" und „Morgenpost" seit dem zehnten Jahrestag der „Operation Gomorrha" 1953 in „Freude und [...] Stolz über den tatkräftigen Aufbau"[13]. Nicht Kriegsende, Währungsreform oder Verabschiedung des Grundgesetzes, sondern das Kriegsjahr 1943 wurde hier als Beginn des Wiederaufbaus geadelt. Die Zerstörungen symbolisierten wohl am eindrucksvollsten die Totalität der „Stunde Null", vor deren Hintergrund sich die Wiederaufbau-Erfolge der Gegenwart besonders imposant aus-

---

[12] Hamburg im Bombenhagel, in: Süddeutsche Zeitung, 24.7.1963; vgl. auch Der Untergang einer Stadt, in: Frankfurter Allgemeine Zeitung, 25.7.1963.
[13] Der Tod flog Hamburg an! (15. Teil der Serie), in: Hamburger Abendblatt, 4.8.1953.

nahmen. Der Luftkrieg bildete in diesem Kontext zwangsläufig die kontrastreichste Negativfolie, vor der das einsetzende „Wirtschaftswunder" umso stärker gefeiert werden konnte.

Der Widerspruch zwischen dem Narrativ der „Stunde Null" und der Erinnerung an eine Durchhaltegemeinschaft drängt sich in heutiger Perspektive geradezu auf. In der zeitgenössischen Wahrnehmung hingegen schien allein die bewährte „Schicksalsgemeinschaft" den Mühen des totalen Neuanfangs gewachsen. In einer zeittypischen Verknüpfung beider Narrative ließ sich so die städtische Tradition mit dem demokratischen Neuanfang verbinden und damit das „Dritte Reich" vollkommen ausblenden, wie in dem Vorwort von Bürgermeister Herbert Weichmann (SPD) in einem der zahlreichen Bildbände über Hamburgs Wiederaufstieg aus den Trümmern:

> „Beides nun, das zerstörte und das aufgebaute Hamburg, zeigt dieser Band. Mit seinen Kontrastaufnahmen ist er [...] eine eindrucksvolle Dokumentation, die erkennen lässt, was menschlicher Wille zu leisten vermag, wenn die Not es fordert. Hamburg ist wirklich wie ein Phönix aus der Asche zu neuem Leben emporgestiegen. Es ist ein neues, ein modernes Hamburg und doch wieder die alte Stadt mit ihren vertrauten Wahrzeichen und ihrem hanseatischen Gepräge."[14]

Der Bombenkrieg als „Befreiung" – erinnerungskulturelle Wandlungen

Noch 1983, also an ihrem 40. Jahrestag, wurde die „Operation Gomorrha" vom Senat im Kontext des NATO-Doppelbeschlusses und großer Friedensdemonstrationen im bekannten Narrativ als pazifistische Mahnung erinnert. Bürgermeister Klaus von Dohnanyi (SPD) verurteilte den Bombenkrieg als unmoralischen „Massenmord", die Zerstörung Hamburgs habe nicht nur die alliierte Bombenstrategie von 1943, sondern insbesondere gegenwärtige Kriegsvorbereitungen als Verbrechen entlarvt:

> „Amerikaner und Engländer wollten die bedingungslose Kapitulation Nazi-Deutschlands. Im Angesicht des Nazi-Reiches und seiner Wurzeln war dies ein verständliches Ziel. Aber dennoch war der Bombenkrieg gegen die Zivilbevölkerung Massen-

---

[14] Herbert Weichmann, Vorwort, in: Hugo Schmidt-Luchs/Werner Schmidt-Luchs, Hamburg. Phönix aus der Asche, Hamburg 1967, S. 11.

mord. Kriegführen heute heißt bereit sein zum Massenmord."[15]
Der „Operation Gomorrha" sprach Dohnanyi jeglichen militärischen Erfolg ab, indem erneut die Durchhaltegemeinschaft der Bombennächte beschworen wurde: „In der Stunde der größten Not haben die Hamburger ihrem Dichter Wolfgang Borchert Recht gegeben: ‚Hamburg, das ist unser Wille zu sein.'"[16]
Zehn Jahre später setzte allerdings eine Korrektur gängiger Luftkriegs-Deutungen ein. Bürgermeister Henning Voscherau (ebenfalls SPD) sprach anlässlich des 50. Jahrestages 1993 nicht mehr vom Durchhaltewillen oder von einem Gründungsmythos. Er blickte vielmehr auf Kausalitäten und langfristige Folgen der Angriffe und fragte die Teilnehmer einer Gedenkfeier:

„Hätten die Alliierten nicht den Mut und die Entschlossenheit gefunden, nationalsozialistischer Gewalt Gewalt entgegenzusetzen, das ‚Dritte Reich' opferreich niederzukämpfen, hätte es dann Befreiung, hätte es Erneuerung und eine freiheitliche, demokratische Zukunft geben können?"[17]

In dieser Interpretation gelang der Neuanfang also nicht mehr trotz der „Stunde Null" und Dank des Durchhaltewillens, sondern umgekehrt: Die Bombenangriffe waren hier eine zwingende Voraussetzung für die demokratische Entwicklung und wurden erstmals als Ausgangspunkt einer „Befreiung" erinnert, die von außen kommen musste. Diese bemerkenswerte Schwerpunktverschiebung lässt sich ebenso auf einen spezifischen Erinnerungskontext zurückführen wie frühere Narrative, wobei in erster Linie drei Impulse ins Auge fallen: Zunächst gaben geschichtspolitische Debatten seit den 1980er Jahren – etwa die „Befreiungs"-Deutung zum 40. Jahrestag des Kriegsendes von Bundespräsident Richard von Weizsäcker – Anstöße auch für das Gedenken in Hamburg. Außerdem hatte sich der gesellschaftliche Rahmen der 1990er Jahre mit der Wiedervereinigung nachhaltig verschoben, vor allem der Anstieg rechtsradikaler Anschläge ließ die NS-Vergangenheit in einem neuen Licht erscheinen: Auf einer Pressekonferenz im Juli 1993 sah Bürgermeister Voscherau in den Ausschreitungen von Rostock-Lichtenhagen, Hoyerswerda und Mölln

---

[15] Die Ansprache Dohnanyis ist abgedruckt in dem von der Staatlichen Pressestelle herausgegebenen Wochendienst 35/1983, 2. 9. 1983, S. 26 – 28.
[16] Dohnanyi gedenkt der Opfer des Bombenangriffs, in: Hamburger Abendblatt, 23. 7. 1983.
[17] Manuskript der Ansprache Voscheraus, 24. 7. 1993, in: StAHH, 622-1 Voscherau [ohne Nummerierung]. Für die Genehmigung zur Einsicht in diesen Bestand danke ich Henning Voscherau, für die umfassende Unterstützung bei der Sichtung Ulf Bollmann vom Staatsarchiv Hamburg.

folglich einen zwingenden Anlass, sich zum 50. Jahrestag stärker als bisher der Ursachen und Zusammenhänge der „Operation Gomorrha" zu erinnern, wie die „Stuttgarter Zeitung" berichtete: „In Zeiten, in denen der innere Frieden in Deutschland durch rechtsextreme Gewalttäter bedroht werde, so Voscherau, wolle Hamburg auch daran erinnern, dass die Ereignisse vom 25. Juli bis zum 3. August kein isoliertes und unvermitteltes Naturereignis gewesen seien [...]."[18]

Drittens scheinen für einen erinnerungskulturellen Perspektivenwandel demografische Faktoren ein bedeutender Impuls gewesen zu sein, fanden sich doch zu Gedenkveranstaltungen – sowohl unter den Rednern als auch im Publikum – immer seltener Zeitzeugen ein, die noch aus eigener Erinnerung von den Bombennächten erzählen konnten. Diese Entwicklung schlug sich auch in neuen Narrativen wie in der „Befreiungs"-Deutung Voscheraus (Jahrgang 1941) zum 50. Jahrestag 1993 nieder. Zugleich indizieren kritische Reaktionen von Zeitzeugen, die sich nach den Veranstaltungen von 1993 in Briefen an den Senat und an die Redaktionen der lokalen Zeitungen wandten, eine zunehmende Diskrepanz zwischen der individuellen Erfahrung und den Narrativen des öffentlichen Gedenkens: Die offiziellen Geschichtsbilder entsprachen offenbar immer weniger den persönlichen Erinnerungen der Augenzeugen. Eine ältere Hamburgerin schrieb nach dem 50. Jahrestag äußerst betroffen an den Senat, dass es sich bei den Gedenkrednern mittlerweile nur noch „um Unberufene" handele, die „Sprüche halten über Dinge, von denen sie nur vom Hören-Sagen wissen"[19].

Der Bombenkrieg als „Tabu"

Seit der Veröffentlichung von Jörg Friedrichs „Der Brand" im Jahr 2002, tobt in den deutschen Medien eine erbitterte Debatte um die öffentliche Erinnerung an den Bombenkrieg[20]. Nachdem „Der

---

[18] Die Bomben trafen mit unbarmherziger Genauigkeit, in: Stuttgarter Zeitung, 28.7.1993.
[19] Zahlreiche Zuschriften anlässlich der Ansprachen zum 50. Jahrestag finden sich in der Registratur der Senatskanzlei des Hamburger Rathauses.
[20] Vgl. Dietmar Süß, „Massaker und Mongolensturm". Anmerkungen zu Jörg Friedrichs umstrittenem Buch „Der Brand. Deutschland im Bombenkrieg 1940 – 1945", in: Historisches Jahrbuch 124 (2004), S. 521 – 543. Einen Überblick über neue Beiträge zum Bombenkrieg bietet Jörg Arnold, Sammelrezension Bombenkrieg, in: Historische Literatur 2 (2004), Heft 2, S. 17 – 38 (http://hsozkult.geschichte.hu-berlin.de/rezension/2004-2-062).

Brand" scheinbar ein „Siegel des Schweigens"[21] gebrochen hatte, machten sich zahlreiche Zeitungen an die ebenso publikumswirksame wie verkaufsfördernde Aufgabe, das „,Tabu-Thema' Bombenkrieg", so der GEO-Titel vom Februar 2003, aufzugreifen. Der Bombenkrieg wurde hier zu einem lange verdrängten Ereignis stilisiert, um das „die Öffentlichkeit mehr als ein halbes Jahrhundert lang scheu einen Bogen gemacht"[22] habe, wie der SPIEGEL in seinem Sonderheft zum Thema Anfang 2003 behauptete. Nun endlich, so die vielfach kolportierte Vorstellung, komme ein Ereignis zur Sprache, das schon lange „eine schwärende Wunde im nationalen Seelenleben"[23] hätte sein müssen, wie die „Neue Zürcher Zeitung" bemerkte. Ausgerechnet Hamburgs Zeitungen, die sich doch als besonders gutes Beispiel für die ungebrochene Kontinuität der öffentlichen Bombenkriegserinnerung heranziehen lassen, stimmten in diesen Chor umgehend mit ein: „Geschichte braucht manchmal etwas länger für die Gerechtigkeit", kommentierte etwa das „Hamburger Abendblatt" aktuelle Bestrebungen, nun endlich auch die „zivile Tragik des Zweiten Weltkriegs"[24] stärker in den Blick zu nehmen.

Auf die Tabu-These hat es umgehend die angemessene Antwort gegeben. Volker Ullrich beispielsweise wies unmissverständlich darauf hin, dass die Vorstellung einer Verdrängung der Bombenopfer „blanker Unfug" sei. „Im Gegenteil", behauptete Ullrich in der „Zeit", „über kein Thema ist nach 1945 so viel geredet worden"[25]. Und tatsächlich: Wie das Gedenken an die „Operation Gomorrha" zeigt, ist der Bombenkrieg ein äußerst flexibler und hochgradig emotionaler Erinnerungsort und bietet damit hervorragende Voraussetzungen für eine traditionsreiche Erinnerungskultur. Wie wenige andere Ereignisse des „Dritten Reichs" und Zweiten Weltkriegs zeichnet sich der Bombenkrieg dadurch aus, dass er mit verschiedenen Aufladungen auf unterschiedliche Gegenwartsinteressen bezogen werden kann und zahlreiche Anknüpfpunkte für aktuelle Probleme bietet.

---

[21] So der Untertitel zum „Brand" im Artikel Martin Walsers, Bombenkrieg als Epos, in: FOCUS, Nr. 50, 9.12.2002.
[22] SPIEGEL-Special. Als Feuer vom Himmel fiel. Der Bombenkrieg gegen die Deutschen, 1/2003.
[23] Der Bombenkrieg findet zur Sprache, in: Neue Zürcher Zeitung, 7.12.2002.
[24] Deutschland – auch ein Land der Opfer, in: Hamburger Abendblatt, 25.7.2003.
[25] Wichtige Beiträge zur „Bombenkriegsdebatte" bietet der Sammelband von Lothar Kettenacker (Hrsg.), Ein Volk von Opfern? Die neue Debatte um den Bombenkrieg 1940–45, Berlin 2003.

Bedeutsamer als die Zurückweisung der Tabu-These ist deshalb die Frage, warum die Vorstellung von einem kollektiven Beschweigen eine derartige Konjunktur entwickelt hat. Auch für die Analyse der Funktion der Tabu-These kann Hamburg als geeignetes Beispiel dienen. Bereits 1993 hielt der Sozialpsychologe Horst-Eberhard Richter aus Anlass des 50. Jahrestags der „Operation Gomorrha" eine Ansprache, in der er sich mit der Tabuisierung der Angriffe auseinandersetzte: „Aber es wurde über den Bombenkrieg kaum gesprochen. Das rührte weniger von der Erschöpfung her als von einem Tabu: Reden durften die, die gerechtfertigt waren durch Widerstand und Verfolgung. Die anderen, die auf der Seite der Täter – wie unwillig auch immer – mitfunktioniert hatten, verspürten ein Schweigegebot. Ihre eigenen Opfer, etwa Verlust ihrer Angehörigen, ihrer Habe, vielleicht auch ihrer Heimat – zählten da nicht."[26]

Die Tabu-These ist also nicht erst ein Konstrukt der letzten Jahre. Vielmehr lässt auch sie sich als sinnstiftendes Narrativ beschreiben, dessen Kontext das Verschwinden der Kriegsgeneration bildet. Auch die Erzählung von einer Tabuisierung hat nämlich konkrete Funktionen, wenn sie etwa individuellen Leidenserfahrungen im offiziellen Gedenken größere Aufmerksamkeit sichern soll. Das „Tabu"-Narrativ wäre damit als Folge des „floating gap"[27] zu sehen, als Reaktion auf den Übergang des „kommunikativen" zum „kulturellen Gedächtnis": In der Bombenkriegsdebatte spiegelt sich demnach die von Klaus Naumann beschriebene „Abschiedsstimmung"[28] der Zeitzeugen; sie ist möglicherweise eines der letzten Rückzugsgefechte der „heißen" mit der „kalten" Erinnerung.

---

[26] Horst-Eberhard Richter, „Action Gomorrha". Gedanken zum 50. Jahrestag des großen Bombenangriffs auf Hamburg, in: Ders., Wer nicht leiden will, muß hassen. Zur Epidemie der Gewalt, Hamburg 1993 (Vortrag in der Hamburger Hauptkirche St. Petri am 21.6.1993), S. 63 – 72, hier S. 64.
[27] Vgl. Lutz Niethammer, Diesseits des „Floating Gap". Das kollektive Gedächtnis und die Konstruktion von Identität im wissenschaftlichen Diskurs, in: Ders., Deutschland danach. Postfaschistische Gesellschaft und nationales Gedächtnis, Bonn 1999, S. 565 – 582.
[28] Klaus Naumann, Die Presse als Gedächtnisort des Krieges. Narrative Zeugnisse von Schockerfahrungen, in: Elisabeth Domansky/Harald Welzer (Hrsg.), Eine offene Geschichte. Zur kommunikativen Tradierung der nationalsozialistischen Vergangenheit, Tübingen 1999, S. 173 – 189, hier S. 174.

Der Luftkrieg als „Erinnerungsort"

Dabei erscheint am Anfang des neuen Jahrtausends jeder Impuls für eine Dokumentation individueller Luftkriegs-Erfahrungen durchaus sinnvoll, war doch der vor kurzem begangene 60. Jahrestag des Kriegsendes womöglich der letzte, „den die Nachkriegsgenerationen noch mit einem Teil der Kriegsgeneration"[29] erlebt haben. Und obwohl die aktuelle Flut an Erinnerungen der „Kriegskinder" nicht immer zum historischen Erkenntnisgewinn beiträgt, gebührt doch bereits den individuellen und familiären Verarbeitungsprozessen von Kriegserfahrungen ohne Frage besondere Aufmerksamkeit.

Problematisch wird der Tabuisierungs-Vorwurf jedoch als Argument für eine verengte Opferperspektive[30], wie sie auch die Erinnerungskultur der „Operation Gomorrha" kennzeichnet: Die verschiedenen Narrative des Bombenkriegs führen ja nicht nur dazu, dass alle Deutschen ausnahmslos als Opfer erscheinen. In den Erzählungen des Bombenkriegs erfahren sie häufig noch eine Aufwertung zu exklusiven, ja zu „doppelten Opfern" (Peter Reichel), die vom „Führer" verführt und von den Alliierten bestraft worden seien. Von dieser Exklusivität deutscher Opfer einmal abgesehen, weist die identitätsstiftende Kraft der Bombenkriegserinnerungen noch auf ein weiteres Problem hin: Wenn das Gedenken an den gemeinsamen Durchhaltewillen oder an den Gründungsmythos das städtische Selbstbild positiv konturieren soll, müssen dabei „andere" Opfer zwangsläufig ausgeklammert werden. Im Gedenken an die „Operation Gomorrha" waren folglich der hohe Anteil von Zwangsarbeitern und KZ-Häftlingen unter den Bombentoten oder die von den Luftschutzräumen ausgeschlossenen jüdischen Mitbürger selten ein Thema. Und nicht zuletzt reduziert der Fokus auf die Leidenserfahrung in den Bombennächten zwölf Jahre „Drittes Reich" auf sechs schreckliche Kriegsjahre, so dass es indirekt zu einer Trennung eines „schlechten" von einem vergleichsweise „guten" Nationalsozialismus kommt. Die in Hamburg beliebte Erinnerung der Angriffe als plötzliche Katastrophe, die ohne Vorwarnung über die friedliche Hansestadt hereingebrochen sei, ist ein treffendes Beispiel für diesen problematischen Dualismus.

---

[29] Zwischen Erinnerung und Geschichte, in: Süddeutsche Zeitung, 19.3.2005.
[30] Vgl. u. a. Harald Welzer, Was bleibt im Gedächtnis, in: Frankfurter Rundschau, 26.1.2005.

Die Erinnerungskultur ebenso wie ihre geschichtswissenschaftliche Analyse bedarf also dringend einer umfassenden Kontextualisierung. Die in diesem Band versammelten Beiträge weisen deshalb nicht nur auf das produktive Spannungsverhältnis von „Geschichte und Erinnerung", sondern auch auf die dringend notwendige „doppelte Erdung" erinnerungskultureller Forschung hin: Zum einen lässt sich die Erforschung von Erinnerungsorten immer auch als Sozial- und Gesellschaftsgeschichte verstehen, da der jeweilige gesellschaftliche Kontext als historischer Sehepunkt begriffen wird, von dem aus das passende Narrativ „erinnert" worden ist. Die hier analysierten Geschichtsbilder spiegeln also vergangene Gesellschaftsbilder wider, da sich in Narrativen des Bombenkriegs ein zeitgenössisches Selbstverständnis niederschlägt[31]. Die „Gedenkgeschichte" der „Operation Gomorrha" historisiert also nicht das Ereignis selbst, wohl aber seine zahlreichen Retrospektiven – und gibt damit Einblick in die städtische Gesellschaftsgeschichte der Nachkriegszeit.

Neben der gesellschaftlichen Kontextualisierung bedarf es bei einer Analyse von Erinnerungsorten auch einer Untersuchung ihrer Ereignisgeschichte und der zeitgenössischen „Meistererzählungen". Im Laufe der Bombenkriegs-Debatte hat sich beispielsweise das Argument verfestigt, dass erst die unterschiedslosen Flächenangriffe der Alliierten zu einer Solidarisierung der deutschen Bevölkerung mit dem Regime geführt hätten. Aus dem Bombenkrieg resultierte in dieser Interpretation sogar eine „zweite Machtergreifung"[32] der NSDAP, wie Friedrich zeitgenössische Quellen zitiert, aber leider nicht belegt hat. Von der Erinnerungskultur des Bombenkriegs wird diese These noch bekräftigt, dokumentieren die Erzählungen vom Widerstands- und Wiederaufbauwillen doch eindrucksvoll das Zusammenrücken der „Volksgemeinschaft" im Anblick der Katastrophe. Die Erzählung von der solidarischen Schicksalsgemeinschaft lässt sich allerdings noch weiter als in die 1950er Jahre zurückverfolgen: Bereits die NS-Propaganda appellierte nach der „Operation Gomorrha" in

---

[31] Vgl. hierzu die Definition von „Geschichtsbildern" bei Hauke Brunkhorst: „Geschichtsbilder sind die zeitliche Seite von Gesellschaftsbildern und Gesellschaftsbilder die soziale Seite von Geschichtsbildern." Hauke Brunkhorst, Zur gesellschaftlichen Funktion von Geschichtsbildern. Überlappungen zwischen Konservatismus und Nationalsozialismus, in: Blätter für deutsche und internationale Politik 6 (1998), S. 729 – 738, hier S. 729.
[32] Jörg Friedrich, Der Brand. Deutschland im Bombenkrieg 1940 – 1945, München 2002, S. 437.

Broschüren und Aufrufen an die Solidarität der „Volksgenossen" und noch in rauchenden Ruinen feierte die NSDAP Hamburgs Wiederaufbauwillen und Widerstandsgeist, um Auflösungserscheinungen der städtischen Ordnung zu überspielen. Eine „zweite Machtergreifung" entsprach also keineswegs der sozialen Realität, die im Gegenteil von politischen und sozialen Erosionen, ja einer allgemeinen „Endzeitstimmung"[33] gekennzeichnet war, sondern sie war schlichtweg ein Narrativ der NS-Propaganda. Will man also die Erinnerungskultur des Zweiten Weltkriegs untersuchen, bedarf es ebenso einer Historisierung der späteren Retrospektiven wie auch einer Intensivierung der zeitgeschichtlichen Erforschung der Gesellschaft im Krieg. Denn offenbar wird bei der Analyse der Erzählungen vom Krieg nicht nur die gesellschaftliche Funktion der Vergangenheit deutlich, sondern auch die Wirkungsmächtigkeit von Narrativen, der nicht zuletzt die Geschichtswissenschaft ausgesetzt ist.

---

[33] Bajohr, Zerfall der „Volksgemeinschaft", in: Herbert/Schildt (Hrsg.), Kriegsende, S. 321.

Jörg Arnold
„Krieg kann nur der Wahnsinn der Menschheit sein!"
Zur Deutungsgeschichte des Luftangriffs vom 22. Oktober 1943 in Kassel

„Frau Chasalla trägt schmerzvoll ein Trauerkleid,
in ihren Mauern birgt sie unsagbares Leid
was Menschengeist einst [hat] ersonnen
was fleiss'ge Hände einst vollbracht
vor tausend Jahren schon begonnen
vernichtet war's in einer Nacht."

So beginnt die Urfassung eines achtzig Verse umfassenden Textes, der unmittelbar nach dem schweren Luftangriff der Royal Air Force am 22. Oktober 1943 in der Stadt Kassel kursierte[1]. Dabei handelt es sich um ein der Gattung der Elegie zuzuordnendes Gedicht, welches überschrieben ist mit „So starb meine Heimatstadt Kassel", in einer abweichenden Variante auch mit „So starb Kassel 1943"[2]. Von bescheidener handwerklicher Qualität, beansprucht der Text nicht als literarisches Kunstwerk historisches Interesse, sondern als kulturelles Artefakt, das Anhaltspunkte für eine Tradierungsgeschichte des Luftkrieges liefern kann[3]. An der Schnittstelle von

---

[1] Zur Ereignisgeschichte des Luftangriffs siehe Olaf Groehler, Bombenkrieg gegen Deutschland, Berlin 1990, S. 140 – 147; Werner Dettmar, Die Zerstörung Kassels im Oktober 1943. Eine Dokumentation, Fuldabrück 1983. Für die kritische Lektüre des Manuskripts danke ich Dr. Neil Gregor, Odile Jansen, Michael Arnold und Christian Schneider.
[2] Vgl. die Überlieferung in: Stadtarchiv Kassel (künftig: StdAK), S8 C53. Die von W.G. Sebald angestoßene Debatte zur Verarbeitung des Luftkrieges in der Literatur blendet die Gattung Lyrik, und hier vor allem die der literarisch anspruchslosen Heimatlyrik, fast vollständig aus. Vgl. W.G. Sebald, Luftkrieg und Literatur, Frankfurt a. M. 2002.
[3] Vgl. dazu die erst entstandenen Arbeiten: Malte Thießen, Gedenken an „Operation Gomorrha". Zur Erinnerungskultur des Bombenkrieges von 1945 bis heute, in: Zeitschrift für Geschichtswissenschaft 53 (2005), S. 46 – 61; Gilad Margalit, Der Luftangriff auf Dresden. Seine Bedeutung für die Erinnerungspolitik der DDR und für die Herauskristallisierung einer historischen Kriegserinnerung im Westen, in: Susanne Düwell/Matthias Schmidt (Hrsg.), Narrative der Shoah. Repräsentationen der Vergangenheit in Historiographie, Kunst und Politik, Paderborn u.a. 2002, S. 189 – 207; Dietmar Süß, Erinnerungen an den Luftkrieg in Deutschland und Großbritannien, in: Aus Politik und Zeitgeschichte 18 – 19 (2005), S. 19 – 26.

individueller Gewalterfahrung und kollektiver Kriegserinnerung entstanden, soll das Gedicht im Folgenden als Schlüsseldokument für die lokale Deutung der „Schreckensnacht" gelesen werden[4]. Parallel zur nationalsozialistischen Sinngebung der Bombardierung als „Schulbeispiel eines reinen Terrorangriffs" unterbreitete der Text der bombengeschädigten Bevölkerung ein Deutungsangebot, das als partielle Gegenerzählung zum parteiamtlichen Narrativ vom „verbrecherischen jüdischen Terror" und der „heldenhaften Bewährung" verstanden werden kann[5]. Der Akzent der narrativen Struktur lag gerade auf den Leerstellen der offiziellen Deutung: Der Luftangriff wird thematisiert als massenhaftes Sterben und metaphorischer Tod des Lebenszusammenhanges „Stadt". Gleichwohl sind daneben auch nationalsozialistische Sinnstiftungen in den Text eingeschrieben, so etwa die Bewertung des Luftangriffs als „Kriegsverbrechen" und das Postulat von der negativen Integrationskraft des Bombenkrieges[6].

Die zahlreichen Varianten der Urfassung deuten auf eine breite Resonanz des Gedichts hin[7]. Erhärtet wird diese Annahme durch Berichte aus den achtziger Jahren, in denen die Rezeptionsgeschichte skizziert wird. So schreibt etwa Bernhardine N., dass sie das Gedicht von einer Schulkameradin erhalten habe, die eine Kopie aus dem Wochenend-Urlaub mitgebracht habe. „Viele von uns haben es abgeschrieben", wie die Einsenderin dem städtischen Kulturamt versicherte[8]. Die vielfältige Verbreitung legt die Vermutung nahe, dass hier im Medium des populären Heimatgedichtes einer emotionalen Verstörung Ausdruck verliehen wurde, die in der parteiamtlichen Informationspolitik keinen Raum fand. Die weite Verbreitung des Gedichts verweist somit auch auf die Grenzen der

---

[4] Hessische Nachrichten, 22.10.1951, S. 5. Zur Kategorie der „Erfahrung" vgl. Reinhart Koselleck, Erinnerungsschleusen und Erfahrungsschichten. Der Einfluß der beiden Weltkriege auf das soziale Bewußtsein, in: Ders., Zeitschichten. Studien zur Historik, Frankfurt a. M. 2000, S. 265–284.
[5] Joachim Schulz-Werner, Das Schulbeispiel eines reinen Terrorangriffs. PK-Bericht vom 12.11.1943, in: StdAK, S8 C43; Hans Schlitzberger, Der jüdische Terror, in: Kurhessische Landeszeitung (künftig: KLZ) 14/240, 13.10.1943, S. 1f.; ders., Warum? Juda und die modernen Vernichtungskriege, in: Ebenda 15/272, 19.11.1944, S. 1f.; Das ist Frontgeist! Beispiele ungebrochenen Lebenswillens/Es wird Hand angelegt, in: Ebenda 14/250, 25.10.1943; Kassels Bevölkerung verhielt sich vorbildlich, in: Ebenda 14/251, 26.10.1943, S. 1.
[6] Vgl. Zeile 68f.: „Der Hass, in einer solchen Nacht geboren / hat zur Gemeinschaft uns erst recht verschworen".
[7] Vgl. die Überlieferung in: StdAK, S8 C53.
[8] Brief von Bernhardine N. an Werner Dettmar, 22.9.1983, in: Ebenda.

nationalsozialistischen Deutungsmacht und ihre Erosion in der zweiten Hälfte des Krieges, die in Kassel durch die Absetzung des Gauleiters kurz nach dem Angriff noch verstärkt wurde[9].

Im Spannungsfeld von vielfältigen Gewalterfahrungen, nationalsozialistischen Sinnstiftungen und städtischen Geschichtsbildern bildete sich bereits unmittelbar nach dem Luftangriff vom 22. Oktober 1943 ein Erzählrahmen heraus, der auch nach 1945 stabil blieb[10]. Die „Schreckensnacht" erscheint hier als ein katastrophaler Kontinuitätsbruch, dessen Merkmal ein doppelter Verlust war[11]: der massenhafte Verlust von Leben und der Verlust des räumlichen und sozialen Lebenszusammenhanges „Stadt"[12]. Idealtypisch umschließt der Erzählrahmen drei Diskursfelder, die von jeweils unterschiedlichen Medien dominiert werden[13]. Das erste Diskursfeld bildet die Konfrontation mit dem Kriegstod, die sich öffentlich im Ritual des Toten-Gedenkens artikuliert und im Denkmal ihren materiellen Ausdruck findet. Das zweite Feld wird bestimmt von der Zerstörung des überkommenen Raum- und Sozialgefüges, die im „Stadtgedächtnis" vor allem visuell über die Photographie, daneben aber auch durch die Schadensstatistik vergegenwärtigt wird[14]. Das dritte Feld schließlich bildet die historische Aufarbeitung, die sich im Genre des „Dokumentarberichts" sowie im Medium der historischen Ausstellung vollzieht[15]. Im Anschluss an diesen Vorschlag zur synchronen Auffächerung sollen in diachroner Perspektive skizzenhaft die „Konjunkturen" der Erinnerung zwischen 1943 und 1993 nachgezeichnet werden.

---

[9] Vgl. hierzu Aristotle A. Kallis, Der Niedergang der Deutungsmacht. Nationalsozialistische Propaganda im Kriegsverlauf, in: Jörg Echternkamp (Hrsg.), Das Deutsche Reich und der Zweite Weltkrieg (künftig: DRZW), Bd. 9: Die deutsche Kriegsgesellschaft 1939 bis 1945, 2. Teilband: Ausbeutung, Deutungen, Ausgrenzung, München 2005, S. 203 – 250.
[10] Zum Konzept des „Rahmens" vgl. Maurice Halbwachs, On Collective Memory. Edited, Translated, and with an Introduction by Lewis Coser, Chicago/London 1992, S. 37 – 189.
[11] Vgl. zum Konzept des „Kontinuitätsbruchs" Peter Gray/Kendrick Oliver, Introduction, in: Dies. (Hrsg.), The Memory of Catastrophe, Manchester 2004.
[12] Vgl. die Bemerkungen von Lutz Niethammer, Die deutsche Stadt im Umbruch 1945 als Forschungsproblem, in: Die alte Stadt 5 (1978), S. 138 – 154.
[13] Der hier verwendete Diskursbegriff orientiert sich an Achim Landwehr, Geschichte des Sagbaren. Einführung in die historische Diskursanalyse, Tübingen 2001, S. 9 – 22.
[14] Zum Begriff vgl. Peter Reichel (Hrsg.), Das Gedächtnis der Stadt. Hamburg im Umgang mit seiner nationalsozialistischen Vergangenheit, Hamburg 1997, S. 7 – 28.
[15] Grundlegend für das Genre: David J. Irving, Und Deutschlands Städte starben nicht. Ein Dokumentarbericht, Zürich 1963.

Die Rede vom Tod: Luftkrieg als katastrophaler Kontinuitätsbruch

Im Zweiten Weltkrieg kamen auf dem Gebiet des Deutschen Reiches zwischen 360.000 und 465.000 Menschen durch Luftangriffe ums Leben. Das entspricht etwa fünf bis sieben Prozent der deutschen Gesamtverluste des Krieges[16]. Betrachtet man die entsprechenden Zahlen für die Stadt Kassel, dann ergibt sich ein dramatisch verschobenes Bild. Von den 14.682 Kriegstoten der Stadt, die nachweislich durch Kampfhandlungen umgekommen sind, werden 9.202 der Zivilbevölkerung (einschließlich ausländische Zwangsarbeiter) zugerechnet. Da Kassel im April 1945 ohne größeren Widerstand kapitulierte, bedeutet dies, dass fast zwei Drittel der Kriegsverluste durch Luftangriffe verursacht wurden[17]. Von diesen wiederum entfielen etwa 7.500 auf den Flächenangriff des Bomber Command vom 22. Oktober 1943[18].

Der Luftangriff vom 22. Oktober 1943 konfrontierte die rund 216.000 Einwohner Kassels mit der Erfahrung massenhaften Sterbens, wie sie in der Geschichte der Stadt ohne Beispiel war. Stellte schon die tatsächlich feststellbare Zahl der Toten eine eigene Größenordnung dar, registrierten die Spitzel des SD Gerüchte, die von „40.000, 60.000 und mehr" Opfern sprachen[19]. Die Konfrontation mit dem Massentod war für die Überlebenden auch – und vor allem – eine visuelle Erfahrung, wie ein Schreiben der NSDAP-Kreisleitung an die Stadtverwaltung verdeutlicht. Darin heißt es lakonisch: „Lieber Parteigenosse Schimmelpfeng! Ich weiß, was wir alle zu tun haben. Aber bitte setzen Sie alles daran, dass die

---

[16] Zahl der Luftkriegstoten nach Ralf Blank, Kriegsalltag und Luftkrieg an der „Heimatfront", in: Jörg Echternkamp (Hrsg.), DRZW, Bd. 9: Die deutsche Kriegsgesellschaft 1939 bis 1945, 1. Teilband: Politisierung, Vernichtung, Überleben, München 2004, S. 357–464, hier S. 459 ff.

[17] Brief des Hauptamtes Statistik der Stadt Kassel an Verfasser, 3.9.2004; vgl. auch Background reports of German cities (Kassel), in: National Archives Washington II, RG 243 E6 # 64b k21, S. 4.

[18] Zahlenangabe nach Mitteilung des Oberbürgermeisters an Konrad Fülling, 31.10.1950, in: Landeskirchliches Archiv Kassel (künftig: LKA Kassel), SB Wüstemann, Nr. 22. Der Erfahrungsbericht des Polizeipräsidenten vom 7.12.1943 gibt die Zahl der Toten mit 5.830 an, darunter 104 „Ausländer" und 164 Angehörige der Wehrmacht und Polizei; Kopie in: StdAK, S8 C40. Ein britischer Bericht vom Oktober 1945 spricht von 8.659 Toten und 2.500 Vermissten; Kopie in: StdAK, S8 B13.

[19] SD-Berichte zu Inlandsfragen vom 18.11.1943. Einzelmeldungen, in: Heinz Boberach (Hrsg.), Meldungen aus dem Reich. Die geheimen Lageberichte des Sicherheitsdienstes der SS 1938–1945, Bd. 15, Herrsching 1984, S. 6024.

Leichen von den Straßen und Plätzen wegkommen. Das Bild ist erschütternd und die Szenen, die sich vor den unbedeckten Leichen abspielen, sind schauderhaft."[20]

Der Tod im Luftkrieg durchzieht als Leitmotiv auch die narrative Struktur des Textes „So starb meine Heimatstadt". Dort, wo die lokalen Repräsentanten des Regimes vom „Frontgeist", dem „ungebrochenen Lebenswillen" oder von der „Bewährung" sprachen, akzentuiert der Text Bruch, Verzweiflung, Tod[21]: „Tausende gerieten in bittere Not / Tausende fanden den Flammentod / Tausende für die es keine Rettung mehr [gab] / fanden unter den Trümmern ein ewiges Grab". Damit verweigert sich der Text der nationalsozialistischen Sinnstiftung, welche den Tod im Luftkrieg als freiwilliges Opfer für die höhere Sache der Nation und der „Volksgemeinschaft" darstellte und somit die kategoriale Differenz zwischen Kombattanten und Nichtkombattanten einebnete[22].

In der Elegie bleibt die Schilderung von fiktionalisierten Episoden aus dem Zentrum des Feuersturms, die alle das Todesmotiv variieren, ohne heroisierende Sinngebung. So gibt der Tod von drei Geschwistern, die auf der Suche nach ihrer Mutter in dem Brand umkommen und später gemeinsam geborgen werden, lediglich Anlass zur Anklage, zur „Anklage dieser Welt", „des Mordes dieser Welt" oder „gegen die Welt", wie es in verschiedenen Varianten heißt. Hier deutet sich bereits der Übergang von der spezifischen Anklage der Kriegszeit – der „Hasses-Flammen" „auf England" – zur generellen Klage an, wie sie für die Nachkriegszeit kennzeichnend werden sollte. In der Tat fügen zahlreiche Varianten dem Text eine Zeile hinzu, die eben diesen Schritt vollzieht: „Krieg kann nur der Wahnsinn der Menschheit sein", „Wie kann der Krieg doch so grausam sein" oder auch „Krieg kann nur Dummheit der Menschheit sein", lautet das Fazit, das Umschreibungen des Urtextes bieten[23].

Der Verzicht auf Sinngebung des massenhaften Todes ist umso bemerkenswerter, als die Funktionsträger der NSDAP gerade auf

---

[20] Opfer Diverses, in: StdAK, S8 C50. Siehe auch Luftkriegsmitteilungen des Interministeriellen Luftkriegschäden-Ausschusses. LK-Mitteilung Nr. 72, 18.12.1943, Betr. Leichenbergung, in: Bundesarchiv Berlin (künftig: BA Berlin), R55/447.
[21] KLZ 14/250, 25.10.1943, S. 4.
[22] Vgl. zum Kontext Sabine Behrenbeck, Der Kult um die toten Helden. Nationalsozialistische Mythen, Riten und Symbole 1923 bis 1945, Vierow bei Greifswald 1996.
[23] Vgl. die Beispiele in: StdAK, S8 C53.

dem Gebiet des Toten-Gedenkens eine hohe Deutungskompetenz für sich beanspruchten und diese in aufwändigen Gedenkfeiern inszenierten. Über diese Differenz hinaus bleibt aber noch eine grundsätzliche Beobachtung festzuhalten: Als „Urform kultureller Erinnerung" steht die Auseinandersetzung mit dem Tod im Zentrum der lokalen Erinnerung an den alliierten Bombenkrieg – ohne Tod im Luftkrieg keine Kultur der Erinnerung[24]. Auch in Kassel bewegten sich die Ausrichter der öffentlichen Gedenkveranstaltungen der Nachkriegszeit – der Bund der Fliegergeschädigten, die Landeskirche von Kurhessen-Waldeck und die Stadtverwaltung – dabei in einem Erinnerungsraum, der bereits von den Nationalsozialisten topographisch, rituell und semantisch abgesteckt worden war[25].

Die Rede vom Tod als Metapher für die Zerstörung der „Heimatstadt"

Bezieht sich die Rede vom Tod einerseits auf die Erfahrung massenhaften Sterbens im Bombenkrieg, so benutzt der lyrische Sprecher die Vokabel darüber hinaus auch metaphorisch. Das Gedicht thematisiert die Zerstörung des räumlichen und sozialen Lebenszusammenhangs als „Tod" der Heimatstadt. Bereits die eingangs zitierten Verse nehmen zentrale Motive und Redeweisen vorweg, die nach 1945 zu festen Bestandteilen der Erinnerungskultur werden sollten. Kassel, „Stadt der Reichskriegertage", Garnisonsstadt und als „Tigerstadt" apostrophiertes Zentrum der Panzer- und Flugzeugproduktion, wird als trauernde Frauengestalt „Chasalla" eingeführt. Daran anschließend stellt der Text in scharfem Kontrast zwei Zeitebenen gegeneinander: ein Jahrtausend städtebaulicher Entwicklung und die nach Stunden bemessene Dauer der Zerstörung: „was fleiss'ge Hände einst vollbracht / vor tausend Jahren schon begonnen / vernichtet war's in einer Nacht".
Hier wird der Kontinuitätsbruch gerade dadurch akzentuiert, dass auf einen Referenzrahmen angespielt wird, der den lokalen

---

[24] Jan Assmann, Das kulturelle Gedächtnis. Schrift, Erinnerung und politische Identität in frühen Hochkulturen, München [4]2002, S. 61.
[25] Vgl. grundlegend Reinhart Koselleck, Kriegerdenkmale als Identitätsstiftungen der Überlebenden, in: Odo Marquard/Karlheinz Stierle (Hrsg.), Identität, München 1979, S. 255–276; Reinhart Koselleck/Michael Jeismann (Hrsg.), Der politische Totenkult. Kriegerdenkmäler in der Moderne, München 1994.

Rezipienten des Gedichtes vertraut gewesen sein dürfte. Sowohl die Vorstellung von der Stadt als jungfräuliche „Chasalla" als auch der Hinweis auf die tausendjährige Geschichte beziehen sich auf die Tausendjahrfeier Kassels im Jahre 1913. In einem großen kulturhistorischen Festzug war die Geschichte der Stadt als die ihrer Fürsten inszeniert worden, deren Bautätigkeit sich im tausendjährigen Stadtbild der Gegenwart niederschlug[26]. Im selben Jahr hatte der Denkmalpfleger Alois Holtmeyer „Alt-Cassel" als ein „Freilichtmuseum alter Städtebaukunst" bezeichnet[27]. Greift die Einleitung diesen Referenzrahmen auf, so postulieren die Schlussverse einen dramatischen Kontinuitätsbruch. Dort heißt es: „Die Sonne beginnt ihren Tageslauf / In ewiger Schönheit steigt sie auf / doch schnell verhüllt sie ihr Angesicht / Sie sucht eine Stadt und findet sie nicht!" Am 22. Oktober 1943 wurde Kassel – so legt der Text nahe – nicht zerstört, sondern ausgelöscht.

Das Motiv vom Tod der Stadt findet sich in vielen zeitgenössischen Berichten. So notierte etwa der Kunstkritiker Karl Kaltwasser im November 1943: „Es soll niemand sagen, dass eine Stadt nicht untergehen könne, wenn eine große Katastrophe sie gebrochen hat in ihrem Bestand und Leben."[28] In der Nachkriegszeit wird die metaphorische Rede vom Tod – und dazu korrespondierend: von der „Wiedergeburt" – zu einem integralen Bestandteil der örtlichen Luftkriegserzählung, wobei der Akzent meist auf dem Verlust, gelegentlich aber auch – so etwa bei den Stadtplanern – auf der Chance des Neubeginns liegt. Karl Kaltwasser zum Beispiel variierte seinen Gedanken aus dem Jahre 1943 fünfzehn Jahre später in einem viel rezipierten Text wie folgt: „Viele deutsche Städte haben damals [im Krieg] ihr Bild verloren, aber nicht alle wurden dabei in ihrem innersten Dasein so getroffen wie Kassel. War anderswo […] das Leben unter Trümmern begraben, so musste man von Kassel sagen, dass hier das Leben selbst in Trümmer gegangen war."[29]

Neben dem Totengedenken kann die Auseinandersetzung mit der Zerstörung als zweites Diskursfeld der lokalen Erinnerungskultur

---

[26] Vgl. hierzu Stefan Schweizer, Geschichtsdeutung und Geschichtsbilder. Visuelle Erinnerungs- und Geschichtskultur in Kassel 1866 – 1914, Göttingen 2004.
[27] Alois Holtmeyer, Alt Cassel, in: Alt Hessen. Beiträge zur Kunstgeschichtlichen Heimatkunde, Zweites Heft, Marburg 1913.
[28] StdAK, NL Kaltwasser, Mappe 32.
[29] Karl Kaltwasser, Rückblick und Ausblick, in: Paul Heidelbach, Kassel. Ein Jahrtausend Hessischer Stadtkultur, hrsg. von Karl Kaltwasser, Kassel/Basel 1957, S. 297 – 326, hier S. 315.

begriffen werden. Während die NS-Presse diese vor allem unter dem Stichwort „Kulturverbrechen" thematisiert hatte, stellte der Nachkriegsdiskurs das Paradigma „Heimat" in den Mittelpunkt, häufig verdichtet im nostalgisch verklärten Bild von „Alt-Kassel" als einer schönen Stadt[30]. Gerade hier ergaben sich vielfältige Anschlussmöglichkeiten über die Zäsur von 1945 hinweg, sei es im Modernisierungspathos der Stadtplaner oder in der Klage über den Verlust des „historischen Gesichtes" der Stadt und damit von lokaler Identität[31]. Als Medium der Erinnerung an die Zerstörungen dominierte die visuelle Vergegenwärtigung, wie sie idealtypisch in der Trias „unzerstört – zerstört – wieder aufgebaut" Ausdruck fand; daneben stand auch die Statistik als vorgeblich objektive Bestandsaufnahme der materiellen Schäden[32].

Die Rede vom Leid: Historische Darstellungen zwischen Empathie und Sachlichkeit

Im Zentrum der narrativen Struktur des Gedichtes steht die episodische Vergegenwärtigung von typisierten Leiderfahrungen. Die Protagonisten des Textes erscheinen weniger als Handelnde denn als Getriebene: „Flammen, Flammen, die Menschen hetzen", wie es knapp heißt. Damit grenzt sich der Text von dem offiziellen NS-Narrativ ab, das den ebenso heroischen wie erfolgreichen Einsatz von „Volksgemeinschaft", Staat und vor allem NSDAP in den Vordergrund stellte. „Im Luftkrieg werden fast täglich von der Bevölkerung in der Heimat besondere Heldentaten vollbracht", wie Joseph Goebbels in einem Rundschreiben zur Anlage eines Luftkriegs-Archivs schrieb[33]. In der Differenz von Bewährungs- und

---

[30] Vgl. Staatliche Kunstsammlungen in Kassel (Hrsg.), Alt-Kassel. Aus Kunst und Geschichte einer schönen Stadt. Ausstellung im Hessischen Landesmuseum April bis Juni 1947, Kassel 1947. Zur Historizität der Vorstellung von „Heimat" vgl. Celia Applegate, A Nation of Provincials. The German Idea of Heimat, Berkeley/Los Angeles/Oxford 1990.

[31] Vgl. etwa German M. Vonau, Bomben auf 1000 Jahre. Terror vernichtete das historische Gesicht Kassels, in: KLZ 14/266, 12.11.1943, S. 1; ders., Kassel. Bauwerke einer alten Stadt, Kassel o. J. [1950]; Kassel vor dem Feuersturm, hrsg. von Rudolf Helm, Kassel 1953. Zu den stadtplanerischen Kontinuitäten vor und nach 1945 siehe Werner Durth/Niels Gutschow, Träume in Trümmern. Planungen zum Wiederaufbau zerstörter Städte im Westen Deutschlands 1940–1950, Bd. 2: Städte, Braunschweig/Wiesbaden 1988, S. 791–810.

[32] Vgl. etwa: Zahlen zwischen Trümmern, in: Hessische Nachrichten, 14.11.1945, S. 3.

[33] LK-Mitteilung Nr. 151, 14.7.1944, Betr. Anlegung eines Luftkriegs-Archivs, in: BA Berlin, R55/447, fol. 238.

Leidensgeschichte deutet sich bereits etwas von den Spannungen an, welche die historische Darstellung als drittes Diskursfeld der Erinnerungskultur bestimmen sollten. Es spricht vieles dafür, dass damit auch für die Nachkriegszeit eine Bruchlinie zwischen der „deutschen Meistererzählung vom Luftkrieg" und lokalhistorischen Darstellungen zum „Bombenkrieg" bezeichnet ist[34]. In Kassel jedenfalls nimmt der Topos von der „solidarisch kämpfenden Schicksalsgemeinschaft" nur einen nachgeordneten Rang ein[35]. Hier vollzieht sich die historische Aufarbeitung im Spannungsfeld von identitätsstiftender Vergegenwärtigung der „Schreckensnacht" und einer um Sachlichkeit bemühten Dokumentation. Zu den bevorzugten medialen Vermittlungsweisen gehört neben dem Dokumentarbericht in der Tradition David Irvings vor allem die historische Ausstellung.

„Kassel 1943 mahnt...": Konjunkturen der Erinnerung 1943 bis 1993

Lässt sich die Erinnerungskultur des Luftkrieges synchron in drei Diskursfelder auffächern, so kann diachron von Konjunkturen der Erinnerung gesprochen werden, die im Folgenden exemplarisch an der Überlieferungs- und Verwandlungsgeschichte des Textes „So starb meine Heimatstadt" skizziert werden sollen. Grob können drei Phasen unterschieden werden: die Institutionalisierung einer öffentlichen Gedenkkultur in den fünfziger Jahren, in der das Toten-Gedenken im Mittelpunkt stand; die Zwischenphase der sechziger und siebziger Jahre, als sich ein gradueller Bedeutungsverlust des Erinnerungsortes mit ersten Ansätzen zu einer Historisierung verband; schließlich die Renaissance der achtziger und neunziger Jahre, in der die Generation der Flakhelfer die traumatischen Erfahrungen ihrer Adoleszenz zu verarbeiten suchte, während vor dem Hintergrund der Nachrüstungsdebatte eine nachwachsende Generation die Friedensfrage neu stellte.

Aus Anlass des 10. Jahrestages der Bombardierung druckte die Kasseler Zeitung in ihrer Ausgabe vom 22. Oktober 1953 erstmals Auszüge aus der Elegie ab, die unter dem Titel „So starb Alt-Kassel" erschienen[36]. Mit dem runden Gedenktag war die in Versform gekleidete Gegenerzählung der Kriegszeit in der

---

[34] Süß, Erinnerungen an den Luftkrieg, S. 19.
[35] Ebenda, S. 21.
[36] So starb Alt-Kassel. Von einem unbekannten Kassellaner, in: Kasseler Zeitung 272, 22.10.1953, S. 4.

Nachkriegszeit angekommen. Als integraler Bestandteil der öffentlichen Erinnerung bezeugte sie den „Opfergang" der Stadt in der „Katastrophe des Bombenkrieges", auf den die „Auferstehung" der Gegenwart gefolgt war[37]. Allerdings vollzog sich diese Ankunft unter spezifischen Brechungen und Umschreibungen, wie sie für das öffentliche Gedenken insgesamt als charakteristisch gelten können. Gegenüber den Kriegsfassungen zeichnete sich „So starb Alt-Kassel" nicht nur durch einen Wechsel der Zeitebene aus, sondern zugleich durch eine Entdifferenzierung und Entpolitisierung des Sujets. Waren im Hauptteil des Originals verschiedene Figuren vorgestellt worden, die je eigene Leiderfahrungen machen mussten, so verdichtete die Fassung aus dem Jahr 1953 „tausendfach[en] Schmerz" in der Episode der „drei Kleine[n]", die im Chaos des Feuersturms nach ihrer Mutter suchen und tot geborgen werden. Leerstellen setzte die Neufassung immer dort, wo im Original nationalsozialistische Sinnstiftungen den Text dominiert hatten. So verschwand die Rede von der affektiven Integrationskraft des Bombenkrieges ebenso wie die „Hasses-Flammen" oder der vorgebliche Wunsch nach „Vergeltung". Was blieb, war die generalisierende Klage über einen enthistorisierten Krieg: „Nur Schutt und Asche, Du Himmel mein: / Wie konnte der Krieg nur so grausam sein", schloss der Text.

Die Umschreibungen und Auslassungen illustrieren eine für die öffentliche Erinnerung der fünfziger Jahre insgesamt charakteristische „Semantik der Befriedung", die in den Konsensformeln eines integrativen Toten-Gedenkens ihren prägnantesten Ausdruck fand[38]. „Stille", „Frieden" und „Versöhnung" wurden zu Leitvokabeln, die das offizielle Gedenken der städtischen Eliten aus Politik und Kirche strukturierten. Kennzeichnend waren die Indienstnahme der Toten für eine kollektive Identitätsstiftung der Überlebenden als „Opfergemeinschaft", das sich als Pietät ausgebende Schweigen über die Einzelheiten des Sterbens im Feuersturm, das Verwischen der historischen Zusammenhänge sowie die stereotype Mahnung „Nie wieder Krieg".

Die Politik der semantischen Befriedung spiegelt das enorme Verstörungspotenzial, das dem Thema auch noch nach 1945 eigen

---

[37] Der Lebenswille des Kasseler Bürgertums, in: Kasseler Post, Sonderbeilage Oktober 1953: Zehn Jahre danach, S. 1; Zum Gedenken, 22.10.1953, in: StdAK, NL Seidel, Ansprachen 85, S. 1207.
[38] Vgl. hierzu „Semantik der Befriedung deutscher Nachkriegsgesellschaften im Vergleich", German Studies Association Twenty-Eighth Annual Conference (Oktober 2004), session 52.

war, und zwar sowohl nach außen als auch – und für den lokalen Zusammenhang noch wichtiger – nach innen. Der Feuersturm vom 22. Oktober 1943 hatte eben nicht „zur Gemeinschaft [...] verschworen", wie dies das Gedicht in seiner Originalfassung behauptete, sondern im Gegenteil tiefe soziale und emotionale Gräben zwischen den „Volksgenossen" aufgerissen, die auch Jahre später noch virulent blieben.

Die Einhegung des öffentlichen Diskurses schien den lokalen Eliten unter anderem deshalb notwendig, weil sich mit dem „Bund der Fliegergeschädigten" eine einflussreiche Interessenvertretung anschickte, die Toten des Luftkrieges zu Kronzeugen für die Verteilungskämpfe des Lastenausgleiches zu machen[39]. Erst unter dem Druck der Fliegergeschädigten, die im Herbst 1951 eine breite Koalition von Kriegsverlierern und „Besatzungsgeschädigten" mobilisierten, beschloss der sozialdemokratisch dominierte Magistrat, am 22. Oktober spezielle Trauerfeiern für die Opfer des Luftkrieges zu veranstalten, legte aber fest, „in Zukunft die Durchführung [...] selbst [zu] übernehmen"[40]. Zeitgleich waren die Fliegergeschädigten in Verhandlungen mit der Evangelischen Landeskirche über die Ausgestaltung des Gedenktages getreten, die unter dem Vorbehalt einwilligte, „jeden Appell an nationales Racheempfinden" auszuschließen[41].

Der Preis, den die Politik der semantischen Befriedung forderte, war die weitgehende Enthistorisierung des Bombenangriffes vom 22. Oktober 1943, ein Überdecken der historischen Zusammenhänge durch Konsensformeln. Am weitesten ging hierbei der sozialdemokratische Oberbürgermeister Willi Seidel, der in seiner Gedenkrede aus Anlass des 10. Jahrestages vor 10.000 Zuhörern vom Angriff als einem „Unglück" sprach, das „wie eine Naturkatastrophe über unsere arme Stadt hereingebrochen" sei, und seine Zuhörer aufforderte, „einen Strich unter die Vergangenheit

---

[39] Vgl. Geschädigte demonstrieren für ihr Recht. Kasseler Kundgebung im Zeichen der neuen politischen Initiative, in: Selbsthilfe. Zeitschrift für Fliegergeschädigte, Vertriebene, Sparer, Nr. 13, Erste Juli-Ausgabe 1949, S. 2; Brief an die Redaktion: „Eine missbrauchte Totenehrung", in: Hessische Nachrichten, 14.6.1949, S. 3.
[40] Magistratsbeschluss vom 18.10.1951, in: StdAK, A.1.10. Nr. 398. Trauerfeier am 22.10. (1951 – 1968).
[41] Fraktion Stadtgemeinschaft BHE/PWG an den Oberbürgermeister, 16.10.1952, in: Ebenda; Vermerk vom 27.9.1951, in: LKA Kassel, SB Wüstemann, Nr. 22.

[zu] ziehen"[42]. Der Tröstung und nicht etwa der Aufklärung hatte sich auch die Kirche verschrieben, wenngleich hier kontroversere Akzente gesetzt wurden. So sprach der Bischof der Evangelischen Landeskirche, Adolf D. Wüstemann, am 22. Oktober 1951 vom unterschiedslosen Luftkrieg als einer „im Grunde völlig unmenschlichen Kriegführung", betonte aber gleichzeitig in Anspielung auf das Hosea-Gleichnis des Alten Testament, dass „jeder Ernte eine Saat" vorausgehe[43]. Am 22. Oktober 1943 hätten die Kasseler den Sturm geerntet, den die „damals und vorher Regierenden" als Wind gesät hätten[44].

Während der in der Kasseler Zeitung vom 22. Oktober 1953 veröffentlichte Text als beispielhaft für eine befriedete Erinnerung gelten kann, verweist eine im Stadtarchiv überlieferte Variante auf eine alternative Deutung, wie sie im Kontext der Auseinandersetzung um die Wiederbewaffnung vor allem von der radikalen Linken artikuliert wurde[45]. Hier heißt es in einer angefügten Strophe, „Es darf, und es soll nicht mehr so werden / Drum Jugend in Kassel, denkt immer dran, / kein Krieg mehr, nur Frieden, dann sind / wir besser dran." Kommunisten, Gewerkschafter und linke Sozialdemokraten verstanden die Konsensformel „Nie wieder Krieg" als konkrete Handlungsanweisung für die Gegenwart: „Nie wieder Tigerstadt, nie wieder 22. Oktober 1943" lautete die Parole einer Demonstration gegen die Wiederbewaffnung in den fünfziger Jahren[46]. In diesem Sinne kritisierte die Sozialistische Volkszeitung das integrative Toten-Gedenken der städtischen Eliten und forderte, „die wahren Schuldigen" des „Schreckenstages" zu benennen, die in dem Theorem vom „Großkapital" ausgemacht wurden. Ökonomische Interessen „gewisse[r] Leute" in den USA seien für die Zerstörung

---

[42] Trauerfeier vor der Martinskirche aus Anlass des 10. Jahrestages der Zerstörung Kassels, 22.10.1953, in: StdAK, NL Seidel, Ansprachen 84, S. 1201–1205.
[43] Vgl. Altes Testament, Hosea 8.7.
[44] Ansprache am 22.10.1951, in: LKA Kassel, SB Wüstemann, Nr. 22. Zum Kontext vgl. Clemens Vollnhals, Evangelische Kirche und Entnazifizierung 1945–1949. Die Last der nationalsozialistischen Vergangenheit, München 1989; Claudia Lepp/Kurt Nowak (Hrsg.), Evangelische Kirche im geteilten Deutschland (1945–1989/90), Göttingen 2001.
[45] „So starb Kassel... 1943", in: StdAK, S8 C53.
[46] Vgl. die Abbildung in Ulrich Schneider u.a. (Hrsg.), Als der Krieg zu Ende war. Hessen 1945: Berichte und Bilder vom demokratischen Neubeginn, Frankfurt a.M. 1980, S. 63. Zum lokalen Kontext: Bruno Osuch, Die Bewegung gegen die Remilitarisierung in Kassel (1949–1956), Ms. 1977.

der Stadt verantwortlich – dieselben, die heute mit dem „aggressiven deutschen Imperialismus und Militarismus" paktierten. Im Gegensatz dazu sei die KPD als „konsequenteste Kämpferin gegen einen schlimmeren 22. Oktober" anzusehen[47].
Während die identitätsstiftende Bedeutung des Toten-Gedenkens seit der Mitte der sechziger Jahre kontinuierlich abnahm und in der zweiten Hälfte der siebziger Jahre einen Tiefpunkt erreichte, trug die Denkfigur vom Luftangriff als „Vorspiel" für eine drohende totale Vernichtung wesentlich zur Renaissance des Erinnerungsortes in den achtziger Jahren bei. Entscheidenden Anteil hieran hatte die Kasseler Friedensbewegung, die die Auseinandersetzung um den NATO-Doppelbeschluss vom 12. Dezember 1979 auch geschichtspolitisch führte. „Kassel 1943 mahnt: Sagt Nein. Nie wieder Bomben auf unsere Stadt! Deshalb: Keine neuen Atomraketen in unser Land" lautete das Motto der Kasseler Gruppen im Oktober 1983[48]. Im Vergleich zu den fünfziger Jahren war diese Argumentation jetzt in das Zentrum des Gedenkens gerückt, wie die Ansprache des sozialdemokratischen Oberbürgermeisters Hans Eichel aus Anlass des 40. Jahrestages der Bombardierung illustriert. In Anspielung auf Bertolt Brechts Wort vom „großen Carthago", das drei Kriege geführt habe, warnte er in der vollbesetzten Martinskirche davor, dass es „nach dem nächsten Krieg [...] niemanden mehr geben [werde], der unsere Städte wieder aufbauen, der die Toten begraben und Gedenkgottesdienste halten kann"[49].
Neben der politischen Auseinandersetzung um die Nachrüstung bildeten der (geschichts-) kulturelle Wandel sowie die spezifische Generationenkonstellation der achtziger Jahre weitere Faktoren für die Rückkehr der Erinnerung[50]. Befördert durch ein neues

---

[47] Der 22. Oktober mahnt Kassel, in: Sozialistische Volkszeitung, 22.10.1953, S. 4; Kassels Zerstörung am 22. Oktober 1943. Die Zerstörung war das Produkt des Großkapitals, in: Ebenda, 23.10.1954.
[48] Flugblatt, abgedruckt in: Stattzeitung, Oktober 1983, S. 23f.
[49] Ansprache Martinskirche, 22.10.1983, in: StdAK, A.1.10, Nr. 715. Das Brecht-Zitat stammt aus „Offener Brief an die Deutschen Künstler und Schriftsteller" (1951), in: Bertolt Brecht, Werke. Große kommentierte Berliner und Frankfurter Ausgabe, Bd. 23: Schriften 3, Berlin/Weimar/Frankfurt a.M., 1993, S. 155f.
[50] Vgl. zum Kontext: Aleida Assmann/Ute Frevert, Geschichtsvergessenheit – Geschichtsversessenheit. Vom Umgang mit deutschen Vergangenheiten nach 1945, Stuttgart 1999. In Kassel lieferte den entscheidenden Anstoß zur „Aufarbeitung" der NS-Vergangenheit ein einstimmiger Stadtverordnetenbeschluss vom 7.5.1979, der auf einem SPD-Antrag beruhte. Siehe IX. Legislaturperiode, 26. Sitzung vom 7.5.1979, Top 5, in: StdAK, A.0., Bd. 140, S. 32–41.

gesellschaftliches Interesse an der Aufarbeitung des Alltags im Dritten Reich entstand eine Lokal-Historiographie des Luftkrieges, die vor allem von der Generation der Flakhelfer getragen wurde und mit ihren historischen Ausstellungen einen überwältigenden Publikumszuspruch fand[51]. Als historisches Dokument wanderte in diesem Zusammenhang auch die Elegie „So starb meine Heimatstadt" aus dem Speicher- in das Funktionsgedächtnis zurück[52]. Dennoch präsentierte die aus Anlass des 40. Jahrestages veranstaltete Ausstellung auch jetzt noch eine gereinigte Fassung des Textes, in welcher die Schlüsselbegriffe „Hass" und „Vergeltung" durch die Vokabeln „Not" und „Hilfe" ersetzt waren[53]. Dass die „Opfergemeinschaft" des 22. Oktober 1943 identisch sein könnte mit der „Gesellschaft im permanenten Kampf [...] an der inneren und äußeren Front", blieb 1983 noch außerhalb des Reflexionsrahmens der lokalen Geschichtsschreibung[54]. Erst zehn Jahre später geriet die am technischen Vorgang der Zerstörung interessierte Flakhelfer-Historiographie in die Kritik und sah sich dem Vorwurf ausgesetzt, einen deutschen Opfermythos zu bedienen[55].

Schluss

Wie das Beispiel Kassel zeigt, weist die Erinnerungskultur des Bombenkrieges sowohl eine diachrone als auch eine synchrone Struktur auf; sie unterliegt zeitlichem Wandel und zugleich räum-

---

[51] Die von Werner Dettmar (geb. 1927) verantwortete Ausstellung „Die Zerstörung Kassels im Oktober 1943" aus Anlass des 40. Jahrestages sahen innerhalb von 4 Wochen über 90.000 Besucher, d. h. statistisch fast jeder zweite Einwohner Kassels. Vgl. die reichhaltige Überlieferung in: StdAK, S8 E, Ausstellung 1983, sowie ebenda, Bildarchiv, Ausstellung 1983. Zur Generationsprägung der um 1925 Geborenen siehe Rolf Schörken, Luftwaffenhelfer und Drittes Reich. Die Entstehung eines politischen Bewußtseins, Stuttgart 1984; Dirk Moses, Die 45er. Eine Generation zwischen Faschismus und Demokratie, in: Neue Sammlung 40 (2000), S. 233–263.
[52] Vgl. Aleida Assmann, Erinnerungsräume. Formen und Wandlungen des kulturellen Gedächtnisses, München 1999, S. 130–145.
[53] Der Text der unter dem Titel „So starb meine Heimatstadt, 22.10.1943" verwendeten Fassung ist überliefert in: StdAK, S8 E9 [Textvorlagen].
[54] Jörg Echternkamp, Im Kampf an der inneren und äußeren Front. Grundzüge der deutschen Gesellschaft im Zweiten Weltkrieg, in: Ders. (Hrsg.), DRZW, Bd. 9/1, S. 1–98.
[55] Vgl. Peter Adamski, Anmerkungen zum Sieg im Luftkrieg, in: Stattzeitung, November 1993, S. 10f.

licher Ausdehnung und Kontraktion. Verkürzt kann von Konjunkturen der Erinnerung gesprochen werden. Diachron ist dabei die Überlagerung verschiedener Zeitschichten kennzeichnend: vor dem Hintergrund eines vom Ereignis wegführenden Zeitvektors werden die Sinnstiftungsbedürfnisse der Gegenwart begrenzt durch einen abnehmenden Anteil von Primärerfahrungen, längerfristige Traditionen und lokale Überlieferungen. Synchron fächert sich die Erinnerungskultur in die Diskursfelder von „Tod", „Zerstörung", „Vergegenwärtigung" auf, die in je eigenen Traditionszusammenhängen – Toten-Gedenken, „Heimat"-Idee, Lokalgeschichtsschreibung – stehen, zugleich aber auch ein komplexes Wechselverhältnis zueinander eingehen. Es steht zu hoffen, dass dieses Modell zu einer Versachlichung der Debatte um ein Zuwenig oder Zuviel der Erinnerung an den Luftkrieg beitragen kann.

Autoren

Arnold, Jörg, B.A. (1973): Studium der Geschichte, Anglistik und Pädagogik; Staatsexamen (2002), Postgraduate Research Student an der Universität Southampton; 2002 – 2005 Stipendiat des Arts and Humanities Research Council; arbeitet an einer Dissertation über die Erinnerung an den Luftkrieg in Kassel und Magdeburg.

Dr. des. Brinkhus, Jörn (1976): Studium der Geschichte, Politikwissenschaft und Soziologie; absolviert derzeit ein Referendariat für den höheren Archivdienst beim Staatsarchiv Münster/Landesarchivverwaltung Nordrhein-Westfalen.

Dr. Echternkamp, Jörg (1963): Leiter des Projektbereichs: „Kriegsenden, Nachkriegsordnungen und Folgekonflikte" am Militärgeschichtlichen Forschungsamt, 2004 Gastprofessor in Calgary/Kanada, 2006 Gastwissenschaftler am DHI Paris.

Dr. Goebel, Stefan (1973): Lecturer an der University of Kent für Modern British History, Forschungsschwerpunkte zur vergleichenden Geschichte des Ersten und des Zweiten Weltkrieges sowie zur Stadtgeschichte.

Dr. Gotto, Bernhard (1974): Studium der Geschichte, Germanistik und Romanistik; wissenschaftlicher Mitarbeiter im Projekt „Flick im Dritten Reich" am Institut für Zeitgeschichte München-Berlin.

Grimm, Barbara, M.A. (1980): Studium der Geschichte und Anglistik in München; Mitarbeiterin des Projekts „Gesellschaft im Luftkrieg" am Institut für Zeitgeschichte München-Berlin.

Kramer, Nicole, M.A. (1978): Studium der Geschichte und Politischen Wissenschaft in München; Doktorandin im Projekt „Gesellschaft im Luftkrieg" am Institut für Zeitgeschichte München-Berlin; arbeitet an einer Dissertation über die NS-Kriegsgesellschaft in geschlechtergeschichtlicher Perspektive.

Prof. Dr. Dr. h.c. mult. Möller, Horst (1943): Direktor des Instituts für Zeitgeschichte München-Berlin und Professor für Neuere und Neueste Geschichte an der LMU München.

Nolzen, Armin, M.A. (1968): Historiker, Redakteur der „Beiträge zur Geschichte des Nationalsozialismus"; Forschungsschwerpunkte: Geschichte der NSDAP, vergleichende Faschismus- und Diktaturforschung und Historische Sozialisationsforschung; seine Dissertation über „Rudolf Heß, Martin Bormann und die Geschichte der NSDAP 1933–1945" steht vor dem Abschluss.

Dr. Süß, Dietmar (1973): Studium der Geschichte und Soziologie; wissenschaftlicher Mitarbeiter am Institut für Zeitgeschichte München-Berlin; 2006/2007 Feodor-Lynen-Stipendiat der Alexander-von-Humboldt-Stiftung an der University of Exeter; arbeitet derzeit an einer vergleichenden Sozial- und Kulturgeschichte des Luftkrieges in Deutschland und Großbritannien.

Thießen, Malte, M.A. (1974): Studium der Germanistik, Geschichts- und Erziehungswissenschaft; erstes Staatsexamen für das Höhere Lehramt 2003; Stipendiat der Hamburger Landesgraduiertenförderung; arbeitet an einer Dissertation zur Erinnerungskultur des Bombenkriegs und des Kriegsendes 1945 in Hamburg.

www.ingramcontent.com/pod-product-compliance
Lightning Source LLC
Chambersburg PA
CBHW021811220426
43662CB00006B/275